KB047614

자원봉사와 시민의 삶

진재문 · 장유미 · 강정희 · 이강훈 · 신세민 · 조명희 · 강종희 · 정민경 · 박성애 공저

VOLUNTEER WORK AND CIVIL LIFE

학지사

머리말

1990년대 이후 우리 사회에서 시민사회가 양적으로 활성화되기 시작하였다. 같은 시기에 지방자치제도가 실시되어 시민의 참여가 그 어느 때보다도 강조되었는데, 이 역시 시민사회의 성장을 기대하고 촉진하는 조건으로 작용하였다. 학계와 정책 현장에서는 신사회 운동, 사회복지서비스의 확대, 사회적 경제와 같은 새로운 사회경제 패러다임 및 정책을 활발하게 소개하고 제안하였다. 이러한 경향 역시 시민단체의 발전과 시민의 적극적 참여를 강조하였다.

이러한 움직임들은 포드주의적(fordism) 사회경제 구조로부터 포스트-포드주의적(post-fordism) 사회경제 구조로 변화하는 거대한 시대적 맥락을 반영하는 것이었다. 이런 변화는 직간접적으로 자원봉사활동을 중심으로 한 자원섹터(voluntary sector)의 발전을 자극하기에 충분한 조건이었다. 새로운 시대적 흐름에서 자원봉사는 시민의 자발적이고 주체적인 역량을 발휘할 가장 중요한 수단으로 등장하기 시작했다.

이러한 시대적 흐름에서 자원봉사와 시민사회의 역할과 중요성을 국민에게 극적으로 보여 주는 현실적인 계기가 주어졌다.

3

2000년대에 들어와 2002년 한·일 월드컵과 같은 국제적 스포츠 이벤트가 이어졌고, 태안 앞바다 기름 유출 사건, 세월호 사건 등 전 국민에게 깊이를 알 수 없는 분노와 슬픔을 안겨 준 비극적인 사건들이 발생했다.

이러한 국가적 과제와 슬픈 사건 속에서 사회적으로 희망과 위로를 준 것이 자기 생활을 희생하면서 앞장서서 땀을 흘린 자원봉사자들이었다. 1988년 올림픽에서 자원봉사가 대중적인 관심을 받기는 했다. 하지만 국제적 이벤트를 넘어 국가와 시장이 실패한 사태에 대하여 시민과 자원봉사가 새로운 해결의 동력이 될 수 있다는 시민적 믿음이 생기고 확산된 것이 이즈음이다. 이제 자원봉사는 시민의 주체적 역량과 도구로서 시민사회의 성장을 위한 무궁한 잠재력을 가지게 되었다.

이렇게 상황이 전개되자 공공과 민간에서 자원봉사를 체계화 및 활성화하려는 노력이 시작되었다. 물론 이러한 노력의 내적 배경으로는 공공과 민간 모두 다양한 동기가 작동하였다. 하지만 적어도 표면적으로는 각종 사회복지 관련 단체에서 자원봉사를 관리할 수 있는 시스템을 만들고, 공공부문에서도 지방자치단체 자원봉사센터를 설치하는 등, 공공은 물론이고 민간의 자원봉사를 체계적으로 관리할 수 있는 시스템을 갖추기 시작했다.

그럼에도 불구하고 우리나라의 자원봉사는 서구 선진국에 비하여 양적·질적으로 부족한 실정이다. 지금 우리는 새로운 발전 방향을 모색함은 물론, 자원봉사에 대한 시민의 인식을 전환해야 하는 국면에 와 있다고 할 수 있다. 현재 우리나라에서는 15세 이상 인구의 20% 정도가 자원봉사에 참여하고 있지만, 약 50%에 이르는 선진국의 참여율에 비하면 아직은 많이 부족하다. 자원봉사에 대한 시민의 편중된 인식도 문제다. 시민의 인식 속에 '자원봉사'라고 하면 자연스럽게 사회복지 영역이 연결될 정도로 자원봉사에 대한 인식이 복지 중심적이어서, 시민사회가 관계하는 다양한 영역으로 자원봉사가 연계되지 못하고 있다. 또한 학생에게 점수를 부여하는 자원봉사제도를 운영함으로써 자발성에 기초한 자원봉사, 후원 및 기부에 대한 순수성에서 논란도 야기하고 있다.

이러한 맥락을 배경으로, 자원봉사를 다룬 이 책『자원봉사와 시민의 삶』이라는 교양서를 만들어 보기로 용기를 내었다. 이 책은 대학교의 사회복지학과 교과목으로 존재하는 '자원봉사론'과는 관점과 대상을 차별화하였다.

우선, 관점에서는 자원봉사를 복지 중심에서 시민사회의 모든 영역, 즉 환경, 인권, 다문화, 통일 등 다양한 영역의 일부로 간주하였다. 이를 통해 자원봉사를 복지 영역에 가두지 않고 일반 주민이 시민으로서 정체감을 가지는 수단의 하나이며, 시민사회를 건강하게 만드는 자양분이라는 입장에서 바라보았다. 그렇기 때문에 내용의 많은 부분에서 제3섹터로서의 시민사회와 자원봉사를 연결하려고 노력하였고, 계몽된 시민으로서의 참여와 역할을 강조하였다.

다음으로, 대상을 사회복지학과 학생에서 대학교의 비전공 학생은 물론, 중·고등학생을 포함한 일반 시민으로 확대하였다. 이들이 교양 수준에서 자원봉사와 시민적 삶을 연계하여 이해하고, 생활 속에서 시민사회의 구성원으로서 자원봉사와 기부 행위를 의미지을 수 있도록 내용을 구성하고자 노력하였다. 따라서 이 책은 사회복지조직이나 자원봉사센터에서 자원봉사자를 관리할 수 있는 전문적 과정을 다루지 않는다. 이런 점에서 대학교 사회복지학과의 '자원봉사론'과 다르며, 특히 자원봉사에 대한 전문적 관리와 관련된 내용은 최대한 배제하였다.

이러한 이유로 이 책은 내용적으로 다양한 개념과 자원봉사를 연계하고 있다. 제3섹터로서의 시민사회, 사회적 자본, 사회문제와 관련하여 자원봉사의 의미를 설명하였다. 기본적으로 자원봉사의 개념 정의, 가치와 동기, 절차 등 자원봉사의 내적 개념과 원리를 소개함으로써 독자가 자원봉사를 하려고 할 때 실질적인 도움을 주고자 하였다. 또한 공공과 민간의 사회서비스나 프로그램에서 자원봉사가 어떤 역할을 하는지, 그 의미가 무엇인지에 초점을 두었고, 관련된 실제 사례를 제시함으로써 자원봉사의 현실적 모습을 느끼고 이해할 수 있도록 배려하였다. 이어 책의 후반부에는 기부와 재능기부, 해외 원조까지 설명하여 자원봉사의 원리와 개념을 확대하였다. 이에 더하여 자원봉사와 자선 행위 같은 선한 행동이 현실에서 발생시킬 수 있는 문제와 한계를 논함으로써 독자가 자원봉사에 대해 끝없는 낙관과 환상을 가지는 것을 경계하고자 하였다.

만일 이 책이 지향하는 상기의 목적과 내용이 독자에게 쉽게 전달이 되지 못하고 혼란을 주게 된다면, 그것은 전적으로 집필진의 능력, 고민 그리고 독자에 대한 배려의 부족 때문일 것이다. 그럼에도 불구하고 이제껏 시중에 출시된 자원봉사 관련 책들과 차별화를 시도한 『자원봉사와 시민의 삶』에 대하여 독자 여러분이 조금이라도 만족하고 관심과 격려를 보내 준다면 매우 감사할 일이다. 또한 독자의 질책 역시 달갑게 수용할 것이다. 이는 이 책이 향후 개정판을 통해 더욱 발전할 수 있는 에너지가 될 것이기 때문이다. 독자 여러분의 관심과 지적을 긴장된 마음으로 기다린다.

이 책의 집필진으로는 경성대학교 사회복지학과 진재문 교수(제1, 3, 12장), 경성대학교에서 박사학위를 받은 창신대학교 사회복지학과 장유미 교수(제8장)와 동아대학교 사회복지학과 강정희 교수(제2, 11장), 경성대학교 박사과정을 수료한 이강훈(제6장), 신세민(제4장), 조명희(제7장), 강종희(제5장), 정민경(제10장), 박성애(제9장) 선생이 참여하였다. 지도교수와 학생으로 사제의 인연을 맺고, 함께 연구 아이디어를 논의하고 우리나라의 사회복지를 고민해 온 집필진의 참여에 진심으로 감사드리며, 마음 깊이 기쁘고 흐뭇하게 생각한다. 처음 공동 작업을 시도한 이 책의 집필 경험을 통하여 향후 더욱 창의적인 아이디어를 제시하고 더욱 뜨거운 열정을 공유하길 기대한다. 나아가 더욱 증진된 연구 역량으로 사회에 봉사하는 동도(同道)의 우정이 함께하리라 믿는다.

대학교의 교양과정 교재는 일반 시민과 공유할 수 있어야 한다고 생각한다. 대학생의 교양서적이 일반 시민의 교양서로 확대·발전하여 대중화되는 것은 시민사회의 발전을 위해서도 긍정적인 일이다. 바라건대, 일반 시민이 이 책을 쉽게 접하고 내용에 공감함으로써 시민사회에 대한 인식이 변화되고 자원봉사나 기부에 참여하게 되길 희망한다. 그리하여 우리의 시민사회와 자원봉사가 성장하는 데 조금이나마 공헌할 수 있다면, 집필진에게 영광스럽고 감사한 일이 될 것이다.

향후 더 훌륭한 자원봉사 관련 저작이 출현하길 기대하며 집필

진 또한 더욱 연구하여 『자원봉사와 시민의 삶』을 더욱 쉬우면서
도 알차게 만들어 갈 것을 약속드린다. 끝으로, 이 책이 세상의 빛
을 보게 해 주신 학지사의 김진환 사장님, 집필진의 게으름을 인내
해 주신 김은석 선생님, 편집부 선생님들에게 감사의 마음을 전한
다. 그리고 이 책을 집필하는 과정에서 위로와 용기를 준 모든 지
인들과 출간의 기쁨을 나누고 싶다.

2017년 10월
저자를 대표하여
진재문

차례

제1장
시민사회와 시민

1. 제3섹터로서의 시민사회

1990년대 이후, 우리 사회의 구성원들은 각종 미디어를 통해서는 물론이고 생활 속에서 시민단체, 비정부기구(Non-Governmental Organization: NGO), 비영리조직(Non-Profit Organization: NPO)를 자주 읽고 듣고 보게 되었다. 선거와 같은 정치적 이벤트나 '노후된 원자력발전소의 연장'처럼 사회경제적으로 뜨거운 이슈가 발생하면 시민단체의 활동을 더욱 가깝게 인식하게 된다. 대선, 총선, 지방선거에서 시민사회의 각종 단체는 낙선운동 등을 통해 정치적 영향력을 미치고 있다. 일본의 경우, 후쿠시마 원전 사고 이후에 원자력 발전에 반대하는 탈원전운동이 더욱 뜨거워지고 있다. 시민사회의 여러 단체들은 환경운동, 인권운동, 복지운동 등 다양한 영역에서 국가의 공공정책이나 기업의 시장 활동에 대하여 영향력을 확대하고 있다.

국제조직연감(Yearbook of International Organization)에 따르면, 국제적 NGO는 1990년 약 6,000개에서 2015년 약 69,000개로 증가하였다(UIA, 2016). 시민사회조직(Civil Society Organization: CSO) 역시 지구적 개발 지원에서 매우 중요한 역할을 담당하여 2006년 국제적으로 약 150억 달러 규모에 이르고 있다(World Bank, 2013). 이제 국가 안팎으로 시민사회에 대하여 얼마만큼 깊이 이해하는지, 시민사회 운동에 대하여 적극적으로 참여하는지, 혹은 침묵하는지의 여부와 상관없이 우리의 삶은 어떤 방식으로든 시민사회 및 시민단체 활동으로부터 직간접적인 영향을 받을 수밖에 없다. 심지어 시민단체 활동에 비판적인 사람조차도 그러한 영향으로부터 자유로울 수 없는 시대에 우리가 살고 있다.

그럼에도 우리 주변의 많은 사회구성원들은 시민사회에 대한 명확한 인식 없이 일상적인 생활을 이어가고 있다. 이는 시민이 일상을 살아가기 팍팍하고 다양한 측면에서 여유가 없는 데서 기인할 수 있다. 하지만 시민사회 혹은 시민단체의 활동이 무엇인가를 이해하기가 쉽지 않다는 점도 상당히 작용한다고 볼 수 있다. 웬만한 사회과학 연구자에게도 시민사회가 무엇인가에 대하여 명확하게 개념을 이해하고 정의하는 것은 매우 어려운 문제이다.

시민사회에 대한 연구는 그리스 아리스토텔레스의 논의에서 출발할 수 있지만, 우리가 논의하는 시민사회는 대체로 유럽에서 시민혁명 이후에 성립한 것으로 본다. 즉, 시민혁명을 통해 절대권력으로부터 시민적 자유를 확보하고 본격적으로 자본주의적 시장이 발전하기 시작한 근대 이후에 등장한 역사적 개념이라고 할 수 있다. 헤겔(Hegel)은 시민사회를 가족과 국가 사이를 매개하는 사회적 형성체(formation)라고 보았고, 그람시(Gramsci)는 시민사회를 국가의 강제적 관계와 경제적 생산관계 사이에 위치하는 것으로 보았다(Gray, Bebbington, & Collison, 2006: 322). 국가권력으로부터 구분되고 가족과 같은 전통적인 비공식 부분이나 시장경제와 구분되면서도 국가나 시장과의 사이에서 관계적으로 위치하는 것으로 바라보고 있다.

최근의 설명들은 국가, 시장, 전통 부분의 구분과 관계를 좀 더 분명하게 드러내고 있다. 『위키피디아(Wikipedia)』에 따르면, 시민사회(市民社會, civil society)는 비정치적이고 자발적인 공공 및 사회의 조직 혹은 기관의 총체를 일컫는 말로서, 사회에서 국가 및 시장과 구별되는 영역이다. 시민사회, 국가, 시장의 경계는 대단히 모호하고 유동적이다(http://en.wikipedia.org/wiki). 좀 더 학술적인 정의로서, 런던 정치경제 대학교(LSE)의 '시민사회센터'는 시민사회를 다음과 같이 정의한다.

시민사회는 공유된 이해, 목적, 가치를 둘러싼 강제되지 않은 집합 행동의 장을 이른다. 이론적으로 시민사회의 제도적 형태는 국가, 가족, 시장과 구별되지만, 실질적으로 국가, 시민사회, 가족, 시장의 경계는 복잡하고 모호하며 합의가 필요할 때가 많다. 보통 시민사회는 다양한 공간, 행위자, 제도적 형태를 포괄하며, 형식성과 자율성, 권력 면에서 다양한 차이를 보인다. 시민사회에는 등록 자선단체, 비정부개발기구, 공동체조직, 여성단체, 신앙 관련 단체, 직능단체, 노동조합, 자조집단, 사회운동, 기업집단, 연합 및 옹호 집단과 같은 조직을 아우른다(Centre for Civil Society, London School of Economics, 2004).

이상의 시민사회 정의에 대한 논의를 보면 내적·외적 차원에서 몇 가지 개념적 특성이 있음을 알 수 있다. 내적 차원에서, 첫째, 시민이 이해관계, 목적, 가치를 공유해야 하고, 둘째, 강제가 아닌 자유와 자율성을 기초로 하며, 셋째, 개인적 행위가 아닌 집단 혹은 집합적 행동을 하는 영역 혹은 장(field)을 강조하고 있다. 외적 차원에서는 다른 섹터와의 관계가 강조되고 있다. 특히 공공부문의 정부로 대표되는 1섹터인 국가, 민간부문의 사기업으로 대표되는 2섹터인 시장(market), 그리고 가족이나 친지 등으로 구성된 전통적인 공동체 섹터의 구분과 관계를 중심으로 제3섹터로서의 시민사회를 규정하고 있다. 따라서 시민사회는 런던 정치경제 대학교의 '시민사회센터'의 정의처럼 내적 차원과 외적 차원을 모두 포함하는 총체적 개념으로 이해할 수 있다.

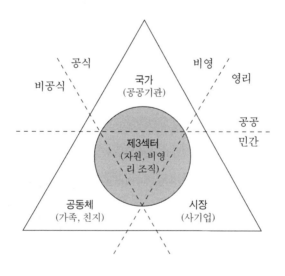

[그림 1-1] 시민사회(제3섹터)의 매개적 공간

출처: Pestoff(1992); Evers & Laville(2004) 재인용

[그림 1-1]에서 보듯이, 제3섹터로서의 시민사회는 권력을 독점적으로 위임받고 있는 국가, 경쟁과 이기적 이윤추구를 바탕으로 하는 시장, 그리고 전통적인 공동체를 매개하는 위치에 있다. 중요한 것은 매개하지만 다른 세 섹터와는 다른 독립성 또한 확보하고 있다는 점이다. 시민사회는 국가, 시장, 전통적 공동체와 견제를 통한 긴장 관계를 유지하지만, 동시에 협력 관계를 유지하는 독립적이면서도 매개적인 성격을 가지는 섹터이다. 제3섹터로서의 순수한 시민사회는 비영리를 지향한다는 점에서 시장과 구분되고 공식적 관계에 기초를 준다는 점에서 전통적인 비공식 섹터와 구분된다. 또한 민간부문에 존재한다는 점에서 국가와 구분된다. 즉, 순수한 시민사회는 비영리를 지향하면서 민간영역에서 공식적 관계에 기초하여 존재한다.

예를 들면, 대표적인 시민단체인 참여연대는 정부의 재정지원을 받지 않으며, 기업처럼 이윤을 추구하기보다는 시민의 이익(공익)을 추구하고 있고, 법적 지위를 가진 공식적 조직으로서 순수한 의미의 제3섹터에 속한다. 반면, 지역사회에 존재하는 종합사회복지관은 이윤추구를 하지 않는다는 점에서 2섹터가 아니고, 법률에 의해 성립되는 조직으로서 전통적인 비공식영역 밖에 있다. 하지만 중앙정부나 지방정부로부터 예산 지원을 받고 있고, 각종 행정지침으로 통제를 받고 있다. 이 때문에 종합사회복지관은 법적으로는 비정부조직으로 되어 있지만 실질적으로는 정부에 종속된 채로 국가의 과제를 대행한다(종속적 대행자)는 평을 받고 있다. 복지관 스스로도 NGO보다는 NPO를 즐겨 사용함으로써 비정부성보다는 비영리성을 강조하고 있다. 참여연대가 순수한 의미의 제3섹터 조직이라면, 지역의 종합사회복지관은 국가와 친화적인 제3섹터 조직이라고 할 수 있다. 최근에는 사회적 기업(social enterprise)처럼 비즈니스 활동을 통해 수익을 창출하지만, 이것을 사적인 이윤으로 취하는 것이 아니라, 공익이나 사회적 미션을 실현하는 수단으로 삼는 사회적 경제(social economy)가 등장하였다. 또한 2섹터(기업, 시장)로서 시장을 무대로 경쟁을 통해 이윤을 추구하면서도 1섹터(정부, 국가)처럼 공익과 사회적 미션을 목표로 하는 조직들이 등장하고 있는데, 이를 특별히 4섹터로 구분하기도 한다. 이렇게 제3섹터는 순수한 영역도 있지만 다른 섹터와 새로운 관계를 형성하면서 분화하는 진화적 과정을 보이기도 한다.

긴장관계의 측면에서 보면, 시민사회는 국가의 인권에 대한 억압과 민주주의에 대한 위협, 공권력의 불합리한 사용, 공공부문의

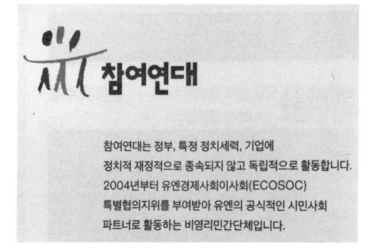

[그림 1-2] 참여연대가 발행하는 『참여사회』에 실린 로고와 단체에 대한 설명이다. 국내의 대표적인 시민단체로서 정부(국가) 및 기업으로부터의 독립성을 강조하고 있다.

비효율과 무능 등(국가의 실패)에 대하여 문제를 제기하고 비판하면서 새로운 대안을 제시한다. 또한 대기 및 수질의 악화를 초래하는 환경오염 물질 배출, 불량 식자재와 불량 부품 사용 같은 비윤리적 이윤 추구, 하청 기업이나 노동자에 대한 불공정한 갑을 관계, 부당 해고와 같은 고용 관행 등 기업이 이윤 추구 과정에서 발생시키는 시장에서의 각종 문제(시장실패)를 비판·고발하고 발전적인 대안을 만들기 위해 노력한다. 이른바 1섹터의 국가실패와 2섹터의 시장실패를 견제하고 새로운 대안을 만들어 가고자 노력하는 주체로서 시민사회가 존재하는 것이다.

협조관계의 측면에서 보면, 시민사회의 많은 조직들이 정부 혹은 기업과 파트너십을 형성하여 공익과 사익을 조화시키고, 서로의 발전은 물론 전체 사회의 진보를 위한 관계 형성을 추구하고 있다. 정부의 사회복지, 환경, 인권 정책들이 실패하거나 사각지대가 발생할 경우 자원봉사나 기부 문화를 통해 보완하는 활동을 전개하거나, 바우처(voucher)를 통한 사회서비스 정책처럼 국가가 재원을 담당하고 시민사회가 서비스 전달(집행)을 담당하는 계약을 체결하기도 한다. 기업의 사회적 책임(CSR)[1]과 사회적 공헌에 대한

---

1) 기업의 사회적 책임(Corporate Social Responsibility: CSR)이란 기업이 생산 및 영업 활동을 하면서 환경경영, 윤리경영, 사회공헌과 노동자를 비롯한 지역사회 등 사회 전체에 이익을 동시에 추구하며, 그에 따라 의사 결정 및 활동을 하는 것을 말한다. 기업의 사회적 책임의 예로서, ① 취약계층에 일자리, 사회서비스 제공 등 사회적 목적 추구, ② 영업활동 수행 및 수익의 사회적 목적 재투자, ③ 영업활동을 통해 창출되는 이익을 사업 자체나 지역공동체에 투자, 사회적 목적으로의 사용 등이 있다. 이를 통해 기업은 경제, 환경, 사회 측면에서 지속적인 성과를 창출하여 지속 가능한 기업의 가치를 증진하고자 노력한다(https://ko.wikipedia.org/wiki. 2017. 6. 21. 인출).

관심이 증대하면서 기업과 시민사회가 파트너십을 구성하여 각종 사회서비스 사업을 확대하거나 공익사업을 추진하는 사례가 늘고 있다.

결국, 시민사회가 성장한다고 하는 것은 전통적으로 국가와 시장이 맡았던 기능 중에 불합리한 결과를 초래하는 것들(실패)을 시민사회 관점에서 비판, 견제, 대안 제시, 협력 등의 노력을 통하여 직간접적으로 실패를 해결 및 극복하는 경험을 축적하고, 내적·외적인 역량을 증대하는 것을 의미한다. 시민사회의 역할이 정당화될 수 있는 것은 시민사회, 즉 제3섹터가 건강한 도덕성과 강력한 능력을 갖추고, 국가 및 사회의 주권자로서 더불어 살아가는 시민의 권리와 복지를 수호하고 증대시킬 수 있기 때문이다. 이러한 이유 때문에, 전통적으로 강력한 권력을 독점한 국가나 재력을 독점한 시장이 협력 파트너로서 인정할 만큼 시민사회가 강력한 힘을 가지는 것이 매우 중요하다. 그러한 힘은 어디에서 오는가? 바로 국가와 사회를 구성하는 시민으로부터 만들어지고 유지되며 발전한다.

2. 시민: 제3섹터의 주체

순수한 의미에서 시민사회는 국가와 시장 섹터에 의존하면 안 된다. 국가나 기업으로부터 재정 지원을 받는 것은 독립성을 유지하면서 시장 및 국가 섹터에 대한 견제 기능을 수행해야 한다는 점에서 상당한 한계를 가질 수밖에 없다. 그렇다면 시민사회가 국가나 시장에 의존하지 않고 스스로 힘과 건강성을 확보하는 방법은 무엇인가? 답은 시민사회의 주체로서 각성한 건강한 시민이 시민 단체에 지속적인 관심을 기울이고 적극적으로 참여하는 것이다. 여기서 '각성한다'라는 것은 시민으로서의 정체성을 인식하고 행동한다는 의미이며, 제3섹터로서의 시민사회의 의미와 역할에 대하여 이해하고 수용하며 내면화하는 것이다.

시민으로서의 정체성은 시민의식을 가지는 것인데, 시민사회의 내적인 측면에서 자발적으로 시민사회에 요구되는 이해·목적·가치를 공유하고 집합적 행동에 참여할 수 있는 주체적 의식을 가지는 것이다. 외적 측면으로는 국가의 실패와 시장의 실패에 대하여 시민으로서 이를 비판적으로 인식하고 견제하며, 시민사회를 좀 더 정의롭고 행복한 시민의 공간으로 만들고자 하는 의지와 의식을 가지는 것이다. 따라서 모든 사회구성원이 시민이 되는 것이 아니며, 모든 주민이 시민이 되는 것도 아니다. 시민의식을 가진 주민 혹은 사회구성원이 시민사회를 발전시키고 떠받치는 주체로서의 시민이라고 할 수 있다.

마셜(Marshall, 1950)의 관점에서 시민은 시민권(citizenship)을 가진 사람이다. 시민권은 사회의 모든 구성원에게 주어지는 지위이며, 이 지위를 가진 모든 사회구성원은 평등하게 부여된 시민으로서 권리와 의무를 가진다(Segal, 1999 재인용). 이 관점은 모든 사회구성원은 시민권에 대한 자각의 여부와 상관없이 시민이라는 지위를 부여받고, 그 지위에 의해 사회구성원으로서 시민권적 권리와 의무를 가지게 된다고 본다. 이러한 관점이 20세기 복지국가가 등장하면서 보편적 복지의 중요한 원리로 작용했음은 분명하다.

하지만 스웨덴 등 선진 복지국가에서 시민권에 기초한 보편적 복지는 시민권을 가진 권리 주체로서의 자각을 기초로 하고 있고, 또한 그 보편적 복지는 사회구성원들이 정치적 과정을 통해 획득한 역사적 산물이다. 따라서 복지국가의 보편적 복지의 수혜는 시민으로서의 자각이 없는 시민이 자동적으로 시민권을 부여받고 향유할 수 있는 것이 아니다. 자신이 시민권을 부여받은 주체임을 자각·각성한 시민이 적극적으로 참여하여 만들어 가는 것이 시민사회 혹은 제3섹터라고 할 수 있다.

좀 더 구체적으로 시민의 정체성을 살펴보면, 사회과학교육협력단(The Social Science Education Consortium: SSEC)은 시민을 민주주의의 주체로서 정의하고 있다. 즉, 민주시민은 식견을 갖추고, 민주주의 가치에 헌신하며, 자유 사회가 운영되는 제반 과정과 절차에 숙달한 사람이고, 사회문제 해결에 적극 참여하려는 의무감을 느끼고 실제로 참여하는 사람이다(김동춘, 2001: 160 재인용). 이남주(1999)는 시민교육 차원에서 우리나라의 시민에게 요구되는 덕목을 민주주의의 제도·법률·가치·과정 및 절차에 대한 이해와 헌신, 남북관계 및 통일에 대한 대비와 국제관계에 대한 이해를 기본으로 하고, 사회문제 및 정치 현안에 능동적으로 참여하는 것을 제시하고 있다(김동춘, 2001: 160 재인용). 결국, 시민은 시민의 삶과 삶의 공간인 시민사회의 정의롭고 행복한 발전을 위해 국가, 시장 그리고 외적으로 확대하면 국제 정세 등 제반 환경 조건에 관심을 가지고, 자발성에 기초하여 민주적 과정과 절차에 대한 이해와 체득을 기초로 적극적으로 문제해결 및 발전을 위해 활동하는 사람을 의미한다.

[그림 1-3] 청소년들이 침체된 마을의 환경 개선을 위해 벽화 그리기 자원봉사를 하고 있다. 생활 속에서 사회문제를 인식하고 적극 참여하여 해결하려는 사람이 시민이다.

그런데 시민은 원래부터 [그림 1-1]의 제3섹터에 존재하던 사람들이 아니다. 비공식 섹터인 전통적 공동체에서 가족, 친지, 이웃의 관계로 혈연, 지연 등을 공유하면서 법과 제도로 공식화되지 않고 전통적인 관습 및 관행 속에서 삶을 살아 온 사람들이다. 하지만 사회와 문명이 발전하면서 점차 우리의 주변 사람들이 공식적인 장에 진출하여 삶을 살게 된다. 즉, 전통적인 공동체 속에서 비공식적 관계에 있는 사람들은 대부분 사회가 발전하면서 국가 섹터, 시장 섹터, 시민사회 섹터(제3섹터)에서 하나 혹은 여러 개의 지위와 역할을 부여받고 살아간다. 특히 현대 민주사회의 시민은 모든 섹터에서 역할을 하는 다중적 삶을 살아간다고 볼 수 있다. 그런 공식화된 삶의 과정에서 각성한 사람들이 시민의식을 가지게 되고 시민사회의 주인공인 시민이 되는 것이다.

여기서 중요한 것은 사람이 국가, 시장과 어떤 관계를 형성하면서 살아가든, 얼마나 많은 사람들이 시민사회의 가치와 목적을 공유하고 자발적이고 민주적으로 제3섹터로 진입하는가이다. 비공식적인 공동체 속에 살던 사람들이 제3섹터의 자원조직, 비영리조직 등 다양한 시민사회조직에 참여하게 되면, 그만큼 시민사회는 발전하게 되는 것이다. 물론 참여 형태는 매우 다양할 수 있다. 직접 활동가로서 조직원이 되는 방법도 있지만, 자원봉사를 통해 환경단체, 인권단체, 복지기관 등에 참여하는 인력 지원을 할 수도 있고, 회원이 되어 회비를 내거나 기부 혹은 후원을 통해 재정적·물질적 지원을 할 수도 있다.

이러한 다양한 형태의 참여나 지원을 통해 제3섹터 조직들이 독립적으로 경제력을 확보하고 시민의 사회적 지지로써 정부와 기업을 상대 할 수 있는 건강한 정치력을 확보할 때, 1섹터인 국가나 2섹터인 시장에 대하여 독립성을 가지고 견제도 하고 협력도 할 수 있게 된다. 제3장에서 좀 더 상세히 논의할 것인데, 현대사회에서 자원봉사나 기부 활동은 건강하고 강력한 시민사회를 만들고 발전시키는 기본적인 자양분이라고 할 수 있다. 이 자양분을 통해 국가 실패 및 시장의 횡포를 극복하고 좀 더 정의롭고 행복한 시민적 삶을 실현시킬 수 있다.

생각해 볼 문제

1. 우리가 시민사회조직에 참여하여 활동해야 한다면 그 이유는 무엇인가?

2. 친지 혹은 이웃과 시민의 차이는 무엇인가를 생각하고 토론해 보자.

3. 우리 사회에서 주목할 만한 제3섹터의 시민사회조직을 찾아 그 조직이 시민의 삶에 어떤 영향을 주고 있는지를 알아보자.

제2장
자원봉사의 이해

1. 자원봉사의 개념

"물질적 대가 없이 어떤 일을 해 본 적이 있는가?"라는 질문을 들으면, 아마도 대부분의 사람들은 자원봉사를 머리에 떠올릴 것이다. 이렇게 생각하는 데는 자원봉사란 단순히 돈을 받지 않고 하는 일, 즉 공짜라는 의미가 들어 있다. 이러한 생각은 완전히 틀린 것은 아니지만, 현대사회에서 이루어지는 자원봉사의 개념을 제대로 반영한다고 볼 수 없다. 일반인이 가지고 있는 자원봉사에 대한 선입견을 상당 부분 포함하고 있다.

자원봉사는 단순히 무보수의 개념뿐만 아니라 이보다 더 넓고 복잡한 의미가 있다. 4년제 대학교에서 자원봉사론이 과목으로 개설되는 이유 역시 일반인이 생각하는 것 이상을 교과과정에 포함해야 하는 현대적 의미의 자원봉사 특성과 의미가 있기 때문이다. 자원봉사의 개념을 어의적 측면과 학술적 측면을 통해 탐색해 보면, 자원봉사가 단순한 사회적 행위가 아님을 알게 된다.

먼저, 국어사전에서 설명하는 '자원봉사'의 사전적 어의를 보면, '어떤 일을 대가 없이 자발적으로 참여하여 돕는 활동'으로 정의되어 있다. 이는 자원봉사의 금전적인 대가를 목적으로 하지 않는 무보수성과 자신의 자율적 동기와 의지에 기초한다는 자발성을 강조하는 것이다.

다음으로, 자원봉사의 한자는 '自願奉仕'로, 스스로 自(자), 바랄 願(원), 받들 奉(봉), 섬길 仕(사)이다. 이는 스스로 원해서 남을 받들고 섬긴다는 뜻이다. 즉, 어렵고 불쌍한 이웃을 단순히 도와주는 것으로 인식하는 것이 아니라, 타인의 인격을 존중하면서 섬긴다는 뜻을 포함하고 있다. 이것은 타인을 존중하고 이웃과 더불어 살아간다는 이타성을 강조한다.

영어의 'voluntarism(자원봉사)'은 라틴어 'voluntas'에서 유래되었다. 그 의미는 자발, 자주, 자유의지이다(김동배 외, 2011: 12). 'voluntarism'은 자발적인 동기를 가진 개인의 자유의지인 자발성이 본질적인 의미로 드러나 있다. 즉, 자원봉사란 자유의지를 가지고 스스로 강제받지 않는 상태에서 행하는 활동임을 강조하고 있다.

한편, 법과 제도에서는 자원봉사를 조금 더 구체적으로 정의하고 있다. 우리나라의 「자원봉사활동 기본법」(2005)에서는 "자원봉사활동이란 개인 또는 단체가 지역사회, 국가 및 인류사회를 위하여 대가 없이 자발적으로 시간과 노력을 제공하는 행위"로 규정하고 있고, "자원봉사자란 자원봉사활동을 하는 사람"으로 규정하고 있다. 한국사회복지협의회(1987)는 "자원봉사란 사회문제의 예방

및 해결을 위하여 또는 국가의 공익사업을 수행하기 위하여 공·
사의 공식조직에 자발적으로 참여하여, 영리적 보상을 받지 않고
인간존중의 정신과 민주주의의 원칙에 입각하여 낯선 타인들을 상
대로 필요로 하는 서비스를 제공함으로써 사회의 공동선을 고양함
과 동시에 이타성 구현을 통해 자아실현을 성취하고자 하는 지속
적이고 계획적인 활동이다."라고 정의하고 있다.

국내외 학자들의 자원봉사에 대한 정의 역시 근본적인 차이
는 없다. 맨서와 캐스(Manser & Cass, 1976)는 "자원봉사는 개인
자신이 선택한 자원봉사기관을 통하여 활동하고 창조하고 실험
하고, 또 새로운 목표를 달성하려고 힘쓰는 과정으로서, 공동선
(common good)의 어떤 요소를 증진 혹은 촉진하기 위해서 자발
적·사적 노력에 의하여 나타나는 활동"으로 정의하고 있다. 여기
서 '공동선'이라는 공적 목적지향성을 강조하는 것이 눈길을 끈다.
남기철(2007)은 자원봉사의 개념을 "시민사회에 능동적으로 참여
하여 사회문제를 해결하고 지역사회 삶의 질을 증진하고자 하는
자발적 활동을 의미하는 것"으로 정의하고 있다. 이는 자원봉사의
개념에 사회적 존재로서 사회적 책임감을 가진 시민의식의 발현
이라는 속성을 중요한 의미로 포함하고 있는 것이 특징이다(남기
철, 2007: 19).

이처럼 자원봉사에 대한 다양한 개념 정의는 대체로 유사하게
정의를 내리고 있다. 그러나 정의를 내리는 주체에 따라 다른 측면
이 보완되거나 강조점이 달라지고 있다. 즉, 자원봉사를 사회구성
원인 시민이 사회참여와 책임의식을 자각하고 지역사회 전체의 복
지를 향상하기 위한 활동으로 이해하고 있지만, 논자에 따라 자유

의지가 강조되기도 하고, 사회적 책임과 실천성이 강조되기도 한다. 공동선의 추구하는 가치 지향성을 강조하기도 하고, 시민사회에 대한 참여를 강조하기도 한다. 따라서 자원봉사를 명확하게 합의된 형태로 정의 내리는 것은 참으로 힘들다. 그럼에도 불구하고 현대적인 자원봉사의 개념에는 본질적으로 다음과 같은 개념적 구성요소를 포함하고 있어야 한다.

1) 자발성

자원봉사는 타인의 지시나 영향을 받지 않고, 자기 스스로의 의지에 따라 행동하는 특성을 가지고 있다. 타인이나 조직에 의해 강제로 하는 활동은 엄밀하게 자원봉사라고 할 수 없다. 자원봉사활동이 지속적으로 이루어질 수 있는 것은 바로 자발성이 중요한 요소로 작용한다. 인간은 스스로 선택해서 하는 활동에 대해서는 보다 높은 책임감을 가지면서 참여율이 높기 때문이다.

그렇다고 해서 현재 우리 사회의 자원봉사가 순수하게 자발성만으로 이루어지는 것은 아니다. 우리나라 중·고등학교 학생들은 의무적으로 연간 20시간의 자원봉사 시간을 채워야 한다. 이것은 직접적인 강제이다. 또한 대학입시의 자기소개서나 취업 시 이력서에 한 줄 넣기 위해 중·고등학생은 물론 대학생도 자원봉사를 하는데, 이는 직접적 강제는 아니지만 안 하면 불이익을 당한다고 생각하기 때문에 강제성을 내포하고 있다고 할 수 있다. 외국도 학생에 대한 자원봉사를 강제하는 경우는 흔하다. 예를 들어, 미국은 지역마다 다르기는 하지만, 한 고등학교는 졸업 시까지 40시간의 커뮤니티 서비스를 수료할 것을 교육과정으로 강제하고 있기도 하다(미주 한국일보, 2017. 5. 15.).

이러한 모습이 자발성에 근거하지 않는다고 해서 의미가 없는 것일까? 가장 중요한 것은 학생들의 경우 자원봉사 자체를 알아보기 위한 경험이 필요하다는 사실이다. 이러한 경험을 통해 사회진출 이후 자원봉사를 지속할지, 아니면 그만할지를 자율적으로 판단할 수 있도록 기회를 제공하는 데 의미가 있다. 사회적으로 필요하며 개인적으로 성장의 기회를 제공할 수 있는 자원봉사를 체험할 기회가 없어서 봉사에 대하여 무지한 채로 평생을 지내는 것은 바람직하지 않다. 사회적으로 바람직한 것을 알게 하는 교육적 기회의 측면에서 배우는 시기의 일시적 강제를 반드시 부정적으로 볼 이유는 없을 것이다. 단, 사회진출 이후는 진정한 자율적 판단이 보장되도록 만들어야 한다. 오히려 교육적으로 필요한 학창 시절의 자원봉사 기회를 재미도 없고 의미도 없게 만드는 것이 문제이다. 프로그램을 개선하여 그 과정이 재미있고 유익하게 만들어주는 노력이 더욱 필요하다.

2) 이타성

인간은 대체로 어려움에 처한 이웃을 도와주려는 마음을 가지고 있는데 이를 이타심이라고 한다. 자원봉사는 이러한 남을 위하거나 이롭게 하고자 하는 이타심이 직접적인 행동으로 드러나는 활동이다. 자원봉사활동을 할 때 어려움이 닥치더라도 타인을 존중하고 이웃과 더불어 살아간다는 신념이 있기 때문에 이를 극복할 수 있다.

하지만 이 개념 또한 의심의 여지가 있다. 진정으로 모든 자원봉사가 이타적인 것인가? 취업을 하는 데 유리해서, 정치적 지지를 이끌기 위한 이미지 개선용으로, 또는 대학입시에 유리한 조건을 만들기 위해서 하는 자원봉사에서 보듯이, 모든 자원봉사가 순수하게 이타적인 것은 아니다. 그렇다면 이타성은 미래에도 여전히 자원봉사를 근본적으로 규정하는 속성일 것인가에 대한 고민을 해 보아야 한다.

패닝턴(Fairnington)은 그의 저서 『이기적 이타주의자(The Age of Selfish Altruism)』를 통해 개인 입장에서 자신에게 좋은 것을 원하면서도 타인이나 사회에 도움을 주어야 한다는 '이기적 이타주의' 개념을 제시하였다(김선아 역, 2011). 나에게 이익이 되는 행동이 타인에게도 이익이 되거나 타인에게 이로운 나의 행동이 나에게도 이로운 윈-윈(win-win)의 결과를 지향하는 행위이다. 즉, 이기심과 이타심의 긍정적 융합의 개념이라고 할 수 있다. 이러한 관점에서 보면, 이타적 동기의 봉사활동이 이타적 결과를 발생시키는 한, 이기적인 동기가 포함되었다고 해서 자원봉사의 본질을 훼손하는 것은 아니다. 이타적 동기나 결과 없이 오직 이기적 행위로만 하는 자원봉사가 이루어진다면 자원봉사의 본질적 차원에서 문제가 될 수 있을 것이다.

3) 무보수성[1]

자원봉사는 물질적인 대가를 목적으로 하지 않는다는 무보수성을 원칙으로 하고 있다. 즉, 자원봉사는 노력의 대가나 사례의 뜻으로 금품 따위를 받지 않는 활동이다. 그러나 최근에는 자원봉사활동을 수행하는 데 소요되는 비용에 대해 실비를 지급해야 한다는 주장도 제기되고 있다. 자원봉사자에게 봉사의 대가로 지불되는 것이 아니라, 자원봉사활동 과정에서 발생하는 필요한 경비에 대해서 지급되는 것은 물질적 보상이라고 보기 어렵다는 것이다. 이는 자원봉사활동에 보다 많은 사람들이 참여할 수 있도록 하는 하나의 방법일 수 있기 때문에 더 많은 논의를 필요로 한다.

자원봉사활동의 소요 비용을 단순하게 실비로 지급하는 것에 그치는 것이 아니라, 자원봉사 과정에서 일어날 수 있는 사고를 대비하여 자원봉사자에 대한 상해보험을 의무화하는 방안 또한 검토되고 있다. 자원봉사를 통하여 이익을 얻는 것은 원칙적으로 배제하는 것이 바람직하다. 하지만 타인과 사회를 위해 시간과 노력을 나누는 자원봉사자가 금전적·신체적·정신적으로 불이익을 당하게 해서는 안 된다. 이러한 일이 예방되지 않거나 사후적으로 보상되지 않을 경우 많은 시민들이 자원봉사자로 활동하는 것을 기대하기 어렵게 되고, 결과적으로 건강한 공동체, 건강한 시민사회의 발전은 그만큼 어려워질 것이다.

---

1) 2017년 7월 시행된 「자원봉사활동 기본법」 제2조에서 제시하고 있는 자원봉사의 여섯 가지 원칙 중 '비영리성'도 넓은 맥락에서 무보수성으로 설명할 수 있다. 이러한 이유로 여기서는 따로 다루지 않는다.

4) 조직성

현대사회의 자원봉사는 자원봉사를 관리하는 전문적 조직을 매개로 이루어진다. 혼자서 행하는 것은 타인에게 도움이 되는 선행(善行)이나 자기만족이라고는 할 수 있지만, 그것을 자원봉사활동이라고 하지 않는다. 그 활동이 전문적인 조직을 통해 이루어지지 않았기 때문이다(남기철, 2007: 30). 자원봉사의 특성 중에서 조직성이 강조되는 이유는 활동의 책임성과 관련이 있다. 현대사회에서 자원봉사활동은 조직적이고 체계적으로 관리되고 있다. 이는 자원봉사활동의 결과에 대한 방향성을 이해하고 그 결과에 대한 책임을 질 수 있어야 하기 때문이다. 또한 현대사회에서 발생하고 있는 다양하고 복잡한 사회문제에 대응하기 위해서라도 자원봉사활동은 보다 조직적으로 행해져야 한다(류기형 외, 2013: 28).

이러한 이유로 전국 대부분의 사회복지학과에서는 자원봉사를 전문적으로 조직 · 관리할 수 있는 인력을 배출하기 위해 '자원봉사(관리)론'을 교육과정에 배치하고 있다. 이 과목의 가장 중요한 핵심은 조직에서 자원봉사를 조직 · 관리하는 전문적 기술과 원리를 교육하는 것이다. 이와 같이 전문가를 고용하여 자원봉사를 조직 차원에서 체계적으로 관리를 해야만 자원봉사 본연의 기능과 효과를 기대할 수 있는 시대에 우리가 살고 있음을 이해할 필요가 있다.

5) 공익성

자원봉사는 공익성에 바탕을 두고 활동한다. 즉, 자원봉사는 개인의 영리를 목적으로 하지 않고 사회 전체의 이익을 도모하는 특성을 지니고 있다. 자원봉사를 시민사회라는 공동체의 일원으로서 공공선을 실현하는 활동으로 정의를 내린다면, 사회구성원인 시민이 자원봉사를 한다는 것은 사회에 대한 공익성에 대한 책임을 자각하고 있음을 의미한다. 결국, 자원봉사자는 지역사회 전체의 복지 향상을 위한 공익적 활동을 하는 시민이다.

따라서 자원봉사자는 지역사회의 이슈와 문제, 욕구 등을 파악하고 사회제도에 대한 견제와 비판, 정책적 대안에 대한 관심과 이해하려고 노력해야 하며, 자신의 봉사활동을 공동체의 공익 차원에서 성찰하고 의미를 부여할 수 있어야 한다. 그러한 과정을 통해 자원봉사자는 시민의 삶과 공동체의 건강한 발전을 조화시켜 나간다. 즉, 개인적인 시민으로서의 삶과 공동체의 발전이 따로 분리되어 있지 않고 더불어 성장해야 한다. 이러한 조화로운 삶을 용이하게 만들어 주는 자원봉사문화를 만드는 것이 매우 중요하다.

6) 비정파성, 비종파성

우리나라 「자원봉사활동 기본법」 제2조에 비정파성(非政派性)과 비종파성(非宗派性)의 원칙을 규정하고 있다. 명목상으로 해석하면 자원봉사활동이 정파성과 종파성을 띠면 안 된다는 의미가 될 것이다. 즉, 자원봉사활동이 특정 정파나 종파의 이익을 따라서는 안 된다는 취지로 해석된다. 하지만 이러한 해석은 매우 미묘한 쟁점을 내포하고 있어 쉽게 그 의미를 해석할 수 없다. 오히려 법으로 비정파성과 비종파성을 규정한 의도를 신중하게 살펴볼 필요가 있다.

앞에서 우리는 자원봉사가 무보수성(비영리성 포함)과 공익성을 중요한 특징으로 한다는 것을 이해하였다. 이러한 공익의 관점에서 비정파성과 비종파성을 이해하고자 할 때 복잡한 문제가 발생할 수 있다. 특정 정파나 종파를 위한 자원봉사가 공익성과 명확하게 합치되고 사회구성원 누구의 관점에서도 이견이 없을 정도로 합의된다면 문제가 되지 않을 것이다. 그러나 특정한 정파나 종파를 위한 자원봉사를 공익성과 구분하는 것이 쉽지 않은 사례가 무수히 발생할 수 있다. 이 때문에 비정파성과 비종파성을 자원봉사의 원칙 혹은 특징으로 설정하는 것에 대한 논쟁의 여지가 있다.

법적 근거를 가지고 만들어진 공식 정당은 한 국가의 민주주의 과정을 지키며 국민의 일부 혹은 전부의 뜻을 대리하여 권력을 잡고자 한다. 공식적 정당 활동이 민주적 과정 속에서 시민사회의 감시를 받으며 이루어진다고 할 때, 특정 정당에 속해 그 정당을 위해 행하는 봉사가 공익성에 반한다고 결론 내리기 힘들다. 마찬가지로 사회의 통합기능을 담당하는 제도로서 종교 제도를 인정하는 일반적 견해에 동의한다면, 특정 종교 혹은 종파에 속해 그 종파를 위해 자원봉사를 행하는 것이 반드시 공익성에 반한다고 할 수도 없을 것이다.

문제가 되는 것은 정파성과 종파성이 명백한 자원봉사가 공익과 충돌하여 시민사회와 국가, 시민과 국민의 이익을 훼손하는 경우일 것이다. 특정 정파를 이롭게 하는 주장이나 행위가 다른 시민의 사상의 자유나 민주적 권리를 해롭게 한다면 그러한 자원봉사를 인정하기 힘들 것이다. 또한 특정 종파의 이익을 위한 자원봉사 활동이 다른 종파의 존재를 부정하거나, 시민의 종교적 자유를 제한하거나, 국가와 사회의 공익을 해치는 것이라면, 그러한 자원봉사를 문제 삼는 것이 당연할 것이다. 따라서 「자원봉사활동 기본법」에 규정된 비정파성과 비종파성에 대하여 정파적 혹은 종파적 자원봉사 활동이 공익성에 반하지 않아야 한다는 취지로 이해하는 것이 시민적 입장에서 바람직할 것으로 판단된다.

2. 자원봉사의 역사

일반적으로 자원봉사의 역사를 연구할 때 영국과 미국이 주로 분석 대상이 된다. 영국은 자원봉사활동에서 오랜 역사적 전통을 가지고 있으며, 역사적으로 자원봉사는 지역사회의 발전과 변화를 위한 시민 참여적 사회행동으로서 매우 계획적이고 조직적으로 이루어져 왔다(권중돈 외, 2008: 54). 미국은 국민 전체가 일상생활에서 자원봉사를 실천할 수 있는 사회적인 시스템이 체계화[2]되어 있다. 또한 이 두 나라는 자선조직협회나 인보관운동 같은 민간운동을 선진적으로 발전·체계화시킨 국가로서, 자원봉사가 발전할 수 있는 사회적 기반을 일찍부터 발전시킨 공통점이 있다. 따라서 자

---

[2] 자원봉사자와 자원봉사가 필요한 단체를 연결해 주는 '볼런티어 매치(volunteermatch)'를 통해 언제 어디서나 자원봉사를 할 수 있다(http://www.volunteermatch.org).

원봉사를 통한 사회 참여가 생활화되어 있는 영국과 미국의 자원 봉사의 역사를 살펴봄으로써 우리가 행하는 자원봉사의 역사성을 이해하는 데 도움을 받을 수 있음은 물론, 우리 사회의 자원봉사를 발전시키는 데 유용한 시사점을 얻을 수 있을 것으로 생각한다.

먼저, 영국의 자원봉사 활동을 살펴보자. 영국의 자원봉사는 전통적인 기독교 자선활동에서 비롯되었다. 18세기부터 영국에서는 산업화로 인해 많은 사회문제가 발생하게 되었는데, 이러한 사회문제를 해결하기 위해 민간의 자발적인 자선활동이 활발하게 전개되었다. 1869년에 설립된 자선조직협회(Charity Organization Society)는 자선단체들 사이의 협력과 조정을 통해 원조가 필요한 사람들에게 조직적인 자선활동을 하는 것을 목적으로 하였다. 자선조직협회가 설립된 것은 많은 자선단체가 결성되면서 자선단체들 사이의 협력과 조정이 이루어지지 않아 무분별한 자선이 오히려 빈민에게 도덕적 타락을 유발하고 자원이 낭비되는 문제점들이 나타났기 때문이다.

한편, 1884년 최초의 인보관인 '토인비 홀(Toynbee Hall)'이 바넷트(Barnet)에 의해 건립되면서 인보관운동(Settlement House Movement)이 시작되었다. 인보관운동이란 빈곤문제가 심각한 지역사회의 문제해결을 위하여 지식인이 현지에 정착(settlement)하여 주민들과 함께 생활하면서 문제를 해결하고자 하는 운동이다 (박광준, 2013: 96). 이러한 인보관운동에서는 특히 옥스퍼드 대학교 출신의 학생과 교수들의 활동이 두드러졌다. 이들 지식인이 인보관에 상주하면서 펼친 구빈활동은 지역 주민의 참여를 통한 자원봉사가 더욱 활성화될 수 있는 중요한 계기가 되었다. 영국의 자선조직협회와 인보관운동은 자본주의 발전 과정에서 발생한 다양한 사회문제들을 시민의 참여를 통하여 개선하고자 하였다. 이러한 활동은 영국의 자원봉사 발달 과정에서 자원봉사활동이 보다 조직적으로 활성화되는 출발점이 되었다.

1960년 제정된 「자선법(Charity Act)」과 1972년 제정된 「지방정부사회복지서비스법(Local Authority Social Service Act)」에 의해 자원봉사활동의 법적 근거가 마련되어 자원봉사활동이 보다 효과적인 활동을 할 수 있게 되었다. 1968년 발표된 「아베스 보고서(Aves Report)」에서 전문직원의 서비스를 보완하고 사회서비스의 제공을 통합하기 위해 자원봉사자의 참여가 절대적으로 필요하며, 이를 위해 자원봉사자의 증강 · 훈련 · 원조에 관한 실천적 전문가의 표준이 필요함을 강조하였다. 이 보고서로 인해서 영국의 공공과 민간 기관에서 수많은 유급자원봉사 조직가가 창출되는 계기가 되었다. 그 결과 1970년대는 자원봉사활동에서 전문화 · 관료화 현상이 나타나기 시작하였다(류기형, 2013: 55).

이후, 1979년 보수당정권의 민영화정책은 자원봉사활동에도 영향을 끼치게 되는데, 자원봉사활동의 주요 영역인 서비스 영역에서 국가 개입을 축소시킴으로써 민간 중심의 자원봉사활동이 더욱 두드러지는 계기가 되었다(고재욱 외, 2013: 75). 1992년에는 「자선법(Charity Act)」이 개정되었다. 소규모의 지방자원봉사단체도 정부 지원을 받을 수 있게 되어 기존의 소규모 지방자원봉사단체들의 활동이 보다 현대화되고 활성화될 수 있는 법적 근거가 마련된 것이다(김승용 외, 2012: 94). 「자선법」 개정을 통해서 민간단체의 자원봉사활동이 더욱 발전할 수 있는 환경이 조성되었다. 또한, 1998년 토니

블레어 수상은 전국자원봉사협의회(National Association of Councils for Voluntary Service: NACVS) 등 민간 전국단체들과 사회협약을 체결하여 자원봉사를 위한 기반을 조성하였다.

영국에서 자원봉사활동의 역사를 보면, 민간단체를 중심으로 지역사회의 문제를 해결하기 위해 자원봉사가 뿌리내려 왔음을 알 수 있다. 최근 자원봉사활동에 대한 정부 개입의 필요성이 논의되고 있으며, 정부는 시민단체와의 사회협약을 통하여 자원봉사를 지원하고 있다.

다음으로, 미국의 자원봉사활동은 영국에서 새로운 나라를 찾아 이주한 사람들이 정착하는 과정에서부터 시작되었다. 17세기 초 종교의 자유를 위해 미국이라는 신대륙으로 이주했던 이민자들은 생존을 위해 어려운 문제들을 이웃과 공동으로 해결하고 서로 도왔다. 이러한 개척시대 상부상조의 활동은 자원봉사활동 정착에 직접적인 계기를 마련하였다.

영국 토인비 홀의 영향을 받아 미국에서도 1887년 시카고 헐 하우스(Hull House)가 설립되어 인보관운동이 시작되었다. 그러나 영국의 영향을 받은 미국의 인보관운동은 미국생활에 잘 적응하지 못하는 이민자를 대상으로 문화 활동, 교육과 직업훈련 등을 실시한 것으로서 영국의 인보관운동과는 성격이 다소 달랐다.

1929년 대공황(the great depression)의 영향으로 복지, 교육, 보건, 시민단체 등에서 자원봉사자의 수요가 점차 늘어나게 되었고, 지역사회에 주니어 리그(Junior League)와 같은 수많은 시민단체들에 의하여 자원봉사센터가 운영되었다(류기형 외, 2013: 64). 제2차 세계대전 이후 미국은 강대국으로 부상하였지만, 학생들의 반전운동, 흑인인권운동, 소수 인종들의 빈곤문제 등 많은 사회문제가 이슈가 되었고, 이를 해결하기 위해 정부는 자원봉사활동을 적극 추진하기 시작하였다(김승용 외, 2012: 103).

1960년대 케네디 대통령 시절 연방정부 차원에서 최초로 실시한 자원봉사 프로그램인 평화봉사단(Peace Corps)을 통해 보다 대규모의 조직적인 자원봉사활동을 전개하였다. 이후 존슨 대통령은 '위대한 사회(Great Society)' 정책의 일환으로 국내평화봉사단인 빈곤퇴치 자원봉사(VISTA), 은퇴노인자원봉사(RSVP) 등의 자원봉사 프로그램을 통해 빈곤퇴치운동을 전개하여 미국 정부의 자원봉사에 대한 지원이 강화되었다.

특히 1990년 부시 대통령은 촛불재단(Point of Light Foundation)을 설치하여 지역자원봉사센터를 포함한 민간 부문의 자원봉사활동에 대한 재정적 · 기술적 지원을 하였다. 촛불재단은 지방에서는 지역자원봉사센터를 조직 · 설치하는 기능을 수행하고, 중앙에서는 이러한 센터들을 지원하고 추진하는 중심 조직으로서의 역할을 하였다. 또한 1990년대에 「국가 및 지역사회 봉사법(National and Community Service Act)」이 제정되어 자원봉사의 활성화를 위한 법적 지위가 강화되었다. 1993년에는 클린턴 행정부가 「전국자원봉사 트러스트법(National Service Trust Act)」을 새롭게 제정하여 자원봉사활동을 적극적으로 지원하였다. 오바마 대통령은 「미국 케네디 봉사법(Edward M. Kennedy Serve America Act)」을 제정하여 자원봉사를 증진시키기 위한 지원을 하였다(류기형 외, 2013: 71).

미국의 자원봉사 역사가 보여 주는 특징은 정부의 의도적인 개입과 정책을 통하여 발전되어 온 것임을 알 수 있다(김범수 외,

2014: 60). 즉, 민간의 자발적인 자원봉사 조직에 의한 변화와 발전보다는 대통령이 집권할 때마다 새로운 자원봉사 정책과 제도가 변화되면서 발전되어 왔다는 특징이 있다.

2000년대 이후 우리나라는 자원봉사활동을 보다 체계적으로 발전시키기 위해 자원봉사 관련 협회와 센터를 설립하고 「자원봉사기본법」(2005년)을 제정하였다. 2005년부터 자원봉사종합관리시스템이 도입되면서 자원봉사의 홍보, 등록, 활동 시간 관리, 자원봉사 통계 관리 등에서 긍정적인 발전이 있었다. 하지만 자원봉사 시간적립을 통한 스펙 쌓기가 중심이 되면서 자원봉사의 가치가 훼손된다는 부정적 기능에 대한 문제 제기도 만만치 않다. 시민의 자발적인 자원봉사활동을 통해 공공선을 실현한다는 인식을 사회적으로 뿌리내리도록 다양한 고민이 필요할 것으로 보인다. 영국과 미국에서 자원봉사가 활성화되고 있는 것은 시민의 자발적 참여, 시민참여를 유도할 수 있는 시민단체의 적극적인 활동, 그리고 정부의 지원정책이 서로 조화를 이루고 있기 때문이다. 우리나라에서도 자원봉사가 시민의 생활 속에서 자리를 잡아갈 수 있도록 정부의 체계적인 지원 모형을 적극적으로 모색해야 할 것이다.

3. 상부상조의 현대성과 자원봉사

아리스토텔레스가 '인간은 사회적 동물이다.'라고 말했듯이, 인간은 사회를 떠나서 혼자 살지 못하는 존재이다. 사람은 일생을 살아가면서 다양한 위험에 처하게 되고, 이러한 위험을 극복하지 못하면 생존 자체가 불가능해지기 때문이다. 따라서 모든 인간은 서로 돕고 살아야 하는 존재이며, 사회적으로 상호 의존적인 관계에서 벗어나서 생존할 수 없다(김영종, 2012: 19). 인간 사회에서 지속적인 생존을 위해 상부상조의 기능이 자연스럽게 나타나게 된 것은 결코 우연이 아니다.

상부상조(mutual support)는 "우리라는 공동체 의식이나 연대의식의 바탕 위에서 서로 돕는 행위와 정신을 나타내며, 사회적·공동체적 존재로서 인간에게 자연스럽게 나타나는 상호적 행동양식"(남기철, 2007: 20)이다. 이러한 상부상조의 정신은 자원봉사활동의 시작과 깊이 관련 되며, 어느 사회에서나 보편적으로 나타나는 활동이라고 할 수 있다.

우리나라는 품앗이, 두레, 향약 등 전통적인 풍습 속에서 상부상조 활동의 전통을 이어오고 있다. 농경사회에서 공동체 구성원 간의 협력과 공동 작업은 매우 중요한 사회적 장치였다. 즉, 상부상조의 협력관계를 통해 효과적으로 노동력을 조직하고, 공동의 복지를 향상시키기 위해 서로 노력하면서 지역사회의 문제를 해결해 온 것이다.

앞서 살펴보았듯이, 서구사회에서는 18세기 산업혁명 이후에 많은 사회문제가 발생하면서 많은 사회적 취약집단이 등장하게 되었는데, 이에 대한 민간 차원의 대응 과정에서 자선조직협회가 만들어지고 인보관운동 등이 발전하게 되었다. 사회적 약자를 구제하고 사회문제를 해결하기 위해 이러한 조직 활동이 발전하는 과정에서 근대적 형태의 자원봉사 역시 발전하게 되었다. 민간에서는 공제조합 같은 자조조직들이 다양한 형태로 등장하면서 전통적인 상부부조의 맥을 이어왔다. 이처럼 상부상조를 실행하는 방법은 사회마다 차이가 나지만, 상부상조의 사회기능은 어느 사회나 다양한 형태로 이어져 오고 있다.

하지만 전통적인 상부상조의 실현 수단은 현대사회의 구조와 작동 원리 속에서 변화해야 했다. 향약과 두레 같은 상부상조의 기제들은 농경사회에서 산업사회로 사회가 변화되면서 더 이상 사회의 주류적 상부상조 수단으로 기능하기 어렵게 되었다. 그렇다면 현대사회에서는 상부상조가 어떤 사회적 장치를 통해 주로 구현되는 것인가? 상부상조의 가장 현대적인 형태가 자원봉사라고 할 수 있다. 전통사회에서 이루어지는 상부상조나 상호 의존적 관계는 두레와 같이 직접적인 대면을 통해 이루어졌다. 때문에 누가 도움을 주고 누가 도움을 받는지가 매우 명확한 사회였다. 반면, 고도로 분업화된 현대사회에서 우리는 매우 복잡한 과정을 통해 많은 다른 사람들과 상호 의존하며 생활하고 있지만, 많은 경우 누구의 도움을 받고 있는지를 정확하게 알지 못한다. 대표적인 것이 자원봉사이다. 물론 현대사회에서 자원봉사자와 수혜자는 직접적인 도움을 주고받는 과정을 통해 상호 간 인식이 가능하다. 하지만 자원봉사의 영역이 환경운동이나 인권운동처럼 특정인에 대한 구체적 서비스가 아니라 특정한 가치를 위해 사회를 변화시키려는 경우 도움을 주는 사람과 도움을 받는 사람은 상호 인식이 불가능하다. 이렇게 자원봉사는 상부상조의 상호 관계를 기존의 대면적 인식이 가능한 직접적인 관계에서 대면적 인식이 어려운 간접적인 관계로 확장시켰다.

현대사회에서 분업화가 더욱 진행되고 상호 의존적 관계가 질적 · 양적으로 복잡해질수록 전통적인 상부상조의 기제보다는 자원봉사를 통한 상부상조가 더욱 확대될 것이다. 이제 시민은 '우리'라는 공동체의식을 가지고, 서로 돕기 위해 적극적으로 자원봉사를 실천해야 하는 사회적 책임감을 가지게 되었으며, 이 책임감은 타인의 보이지 않는 도움에 대하여 빚을 갚아야 한다는 자율적 의지라고 할 수 있다. 자원봉사활동의 실천을 통하여 지역사회에 대한 관심을 가지고 자발적인 노력을 통해서만이 현대사회의 여러 사회문제를 해결할 수 있다면(남기철, 2007: 23), 자원봉사야말로 현대적 상부상조의 가장 좋은 매개체라고 할 수 있다.

 생각해 볼 문제

1. 공동체성을 살리는 자원봉사문화를 정착시킬 수 있는 방법에 대하여 토론해 보자.

2. 자원봉사에 대한 중요한 특성 중에 하나가 무보수성이었다. 그렇다면 자원봉사자에게 지급되는 소정의 활동비에 대해서는 어떻게 생각하는가?

3. 자원봉사의 자발성과 대치되는 청소년의 의무적인 자원봉사가 오히려 자원봉사와 멀어지게 되는 계기로 작용한다는 우려의 목소리도 있다. 이에 대한 여러분의 생각은 어떠한가?

제3장
자원봉사와 제3섹터

1. 자원봉사: 시민사회의 자양분

제1장에서 언급한 것처럼 제3섹터로서의 시민사회는 그 자체로 존재하는 것이 아니다. 시민사회의 발생 과정을 모르는 사람은 이미 시민사회가 주어지는 것으로 느껴질 수도 있다. 하지만 시민사회는 자연적 산물이 아니라 사회구성원들의 자각과 노력의 산물이라고 할 수 있다. 1섹터 및 2섹터, 특히 비공식 섹터에 있는 사람들이 얼마나 많이 시민의식을 자각하고 얼마나 적극적으로 시민사회로 진입하여 활동하는가에 따라 시민사회의 존재감과 역량이 좌우된다.

역량 있는 시민사회는 재정적으로 국가와 시장으로부터 독립적이어야 한다. 이는 시민사회에 자리 잡고 있는 시민단체가 회원의 정기적인 회비로 운영되거나, 사회적 기업과 같은 사회적 경제를 운영하는 자체 수익을 올리거나, 그리고 기부·후원금을 통해 자체적으로 조달할 수 있어야 한다. 시민단체나 시민사회조직 역시 사업비, 인건비 등 많은 재정과 인력이 요구된다. 특히, 시민단체들이 감시하고 견제하는 정부나 기업은 막강한 인력과 재정을 가지고 있어 제3섹터에 대하여 강하고 효과적으로 대응할 수 있다. 이러한 막강한 상대를 두고 재정이 취약할 경우 조직 운영이 힘들고 활동 역량이 제한될 수밖에 없다. 이러한 상황에서 독인 줄 알면서도 정부나 기업의 지원을 받는 구조가 만들어진다. 이러한 구조가 만들어지면 1섹터나 2섹터에 순응하는 조직들이 등장할 가능성이 크다.

재정적 독립은 반드시 회비와 후원금 등 화폐액의 증가에 의해서만 달성되는 것이 아니다. 시민사회의 가장 중요한 미덕이자 원리는 자발성을 가진 수많은 자원봉사자들의 참여를 뿌리로 한다. 자원봉사자는 시민사회조직의 인건비 지출을 줄이면서 다양한 활동을 가능하게 한다. 비록 재정 여건이 힘들다고 해도 수많은 시민의 자발적 참여를 이끌어 내고 조직화할 수 있다면 강력한 힘을 만들어 낼 수 있다. 이러한 힘으로 사회구성원들이 요구하는 문제들을 해결할 경우 회원의 증가와 예산의 증대라는 '선순환 구조'를 만들어 낼 수 있다. 이런 의미에서 시민의 자원봉사는 시민사회는 물론 시민사회조직이 존재하고 발전하는 데 필요한 기본적 자양분이다. 생물체에게 충분한 자양분이 필요한 것처럼, 시민사회와 시민사회조직들 역시 자원봉사, 후원, 기부와 같은 시민 참여가 충분해야 건강하게 유지·발전할 수 있다.

<표 3-1> 자원봉사 참여 현황(성인, 20세 이상)　　　　　(단위: 천 명, %)

구분	2010	2011	2012	2013	2014	2015	2016
총 성인 인구(a)	38,931	39,377	39,832	40,288	40,748	41,211	41,649
자원봉사참여 성인 인구(b)	1,163	1,116	1,386	1,551	1,809	2,099	2,668
참여율(b/a)	3.0	2.8	3.5	3.9	4.4	5.1	6.4
참여 증가율	7.7	-4.0	24.2	11.9	16.6	16.0	27.1

출처: 행정안전부 1365자원봉사포털(http://www.index.go.kr) 통계 자료
주: 1. 1365자원봉사포털에 등록된 봉사활동을 기준으로 함
　　2. 참여 증가율은 전년대비 증가율임
　　3. 자원봉사 참여 성인 인구는 1년간(연도별) 봉사활동을 1회 이상 참여한 성인 인구(20세 이상)임
　　4. 중복을 제거한 자원봉사 참여 수로 자원봉사 참여율 지표(통계청, 사회조사)와 차이를 보임

〈표 3-1〉에서 보듯이, 우리나라의 자원봉사 참여 현황을 보면 2016년 성인 인구의 약 6.4%인 약 266만 8천 명이 자원봉사에 참여하고 있다. 참여 증가율은 부침이 있지만 참여율은 지속적으로 상승하고 있다. 한국사회복지협의회에 따르면, 2010년 국내의 등록 자원봉사자 수가 총 540여 만 명이고 이 중에서 한 해 동안 약 130여 만 명이[1] 실제 활동한 자원봉사자로 나타났다(보건복지부, 한국사회복지협의회, 2012). 이는 분명 긍정적인 추세라고 할 수 있다.

그럼에도 불구하고 우리나라 시민사회와 시민사회조직은 아직 국가(1섹터) 및 시장(2섹터)과 견제와 협력을 강건하게 할 정도로 발전하지 못하고 있다. 일반적으로 우리나라의 시민사회조직들은 '시민 없는 시민단체' '명망가 중심의 시민운동' 등의 낙인이 붙어

---

1) 130만 명이 〈표 3-1〉의 2010년 약 116만 명과 차이를 보이고 있는데, 이는 조사기관마다 자원봉사자의 판단 기준과 성인에 대한 기준이 다르기 때문으로 추정된다.

있다. 외국에 비하여 시민의 자발적 참여가 여전히 저조하고, 시민 참여를 기초로 한 아래로부터의 민주적 조직이 아닌 중앙조직의 운동에 주력하고 있는 등 풀뿌리 기반이 취약한 특징을 가지고 있다(김호기, 2001: 62).

이러한 시민단체의 취약성을 자원봉사와 관련하여 고민해 보면, 크게 참여율의 크기, 복지 편중, 탈정치성의 문제가 있다. 즉, 전체적인 자원봉사 참여율이 아직 미흡한 것은 물론이고, 대부분의 자원봉사가 복지 분야에 편중되고 있고, 그나마 탈정치적 성격을 가지고 있다. 〈표 3-1〉에서 보듯이, 2016년 자원봉사 참여율이 약 6% 수준으로 미미할 뿐 아니라, 그나마도 사회복지 분야에 편중되고 있다. [그림 3-1]을 보면, 아동, 노인, 장애인 등 전형적인 사회복지서비스 영역에서 54.1%의 자원봉사가 이루어지고 있다. 재해나 시설복구 등을 포함하면 이 수치는 더 커진다. 이들은 대개 종합사회복지관 같은 사회복지조직이나 시설에 연계되어 자원봉사를 하는데, 이들 조직은 시민사회단체로서의 성격보다는 정부의 '종속적 서비스 대행자'의 역할을 하는 경우가 많아 시민단체로서의 독립성이 약하다. 사회복지가 아닌 분야는 환경과 범죄 예방 분야가 약 17.8%, 문화 분야가 4.6%, 국가 및 지역 행사에 참여하는 비율이 14.2%를 보이고 있다.

이러한 자원봉사도 매우 의미 있고 사회를 발전시키는 데 긍정적인 기능을 하고 있음을 부정할 수 없다. 하지만 이런 자원봉사가 실제 1, 2섹터에 대한 정치적 영향력을 증가시키는 운동조직, 권리옹호 조직 등에 연결되고 있지 못하다. 의미 있는 활동은 하지만, 그것이 시민운동이나 정치활동의 성격을 가지는 단계로 발전하는 정도는 매우 약하다. 아직은 탈정치적 성격을 벗어나지 못하고 있다고 할 수 있다.

실제 서비스를 대행하는 복지 영역을 제외하면, 사회의 변화와 개선을 지향하는 우리나라의 주요 시민사회단체들은 재정과 인력의 부족으로 어려움을 겪고 있다. 즉, 풀뿌리가 없는 취약성으로 회비를 납입하는 회원 수가 부족하여 재정이 취약하고, 자원봉사자의 부족으로 충분한 활동 인력이 없어 시민사회단체의 미션 달성에 실패하는 경우가 많다. 이러한 상황에서 시민사회조직은 적정한 인건비를 줄 수 없어 본의 아니게 직원의 희생을 통해 조직을 유지하고 있다. 이는 우수한 인재 충원을 어렵게 하여 시민사회 전체의 역량을 더욱 제한하는 악순환 고리를 형성한다. 나아가, 재정의 어려움은 시민사회조직이 기업이나 공공기관으로부터 재정 지원을 쉽게 수용하려는 유혹을 부추기거나, 조직 본연의 목적과 거

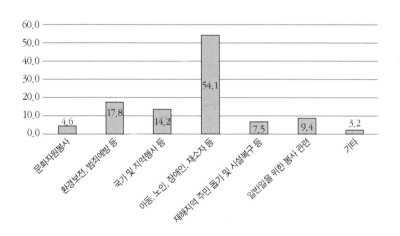

[그림 3-1] 2016년 자원봉사 분야(중복 응답, 응답자=1,153명)

출처: KOSIS(http://www.index.go.kr에서 검색). 문화체육관광부의 국민여가활동조사를 기초로 작성

리가 있는 정부 프로젝트나 기업의 프로젝트에 참여하여 수익을 추구하려는 경향성을 증가시킬 수 있다.

따라서 벨(Bell, 1999)의 주장처럼 우리의 자원봉사가 단순히 서비스를 제공하는 수동적·소극적인 역할을 하는 것(소극적 모델)에서 벗어나 지역사회나 이웃의 삶에 좀 더 적극적이고 능동적으로 영향을 주어 사회를 변화시키려는 지향성을 가지고 실천하는 것(적극적 모델)으로 전환되어야 한다. 즉, 자원봉사자가 스스로의 역량을 강화하는 동시에 사회변화의 필요성을 인식하고, 사회발전과 시민의 삶의 질을 향상시킬 수 있다는 자기 확신을 적극적으로 드러내고 참여해야 한다(주성수, 2000; 진재문, 2005: 229 재인용).

2. 자원봉사: 시민의 권리이자 의무

비공식 섹터에 머무는 주민이 시민사회의 시민으로 참여하는 가장 좋은 방법 중 하나가 자원봉사이다. 자발적이고 자율적인 풀뿌리 활동의 전형이 자원봉사이며, 이를 통해 시민사회가 겪는 다양한 욕구와 문제를 해결하는 시민사회의 자체의 역량이 증진될 수 있다. 시민에게 자원봉사는 권리이며 의무이다.

제3섹터로서의 시민사회는 시민이 주체가 되어 국가나 시장으로부터 시민의 이해와 가치를 지키고 시민의 삶의 목적과 시민사회의 발전에 기여하도록 국가와 시장에 대하여 시민의 영향력을 응축시키고 발휘하는 영역이다. 시민의 주체적 역량을 발휘하기 위한 다양한 활동이 시민사회 구성원으로서의 권리이듯이, 자원봉

[그림 3-2] 어느 종합사회복관의 효도잔치. 어르신에 대하여 자녀 대신 사회가 효(孝)를 행하고 있다. 공공의 재정 지원은 물론 다 양한 자원봉사와 후원으로 이루어진다.

사 역시 시민이 자발적으로 자신의 가치에 따라 필요한 영역에서 활동할 수 있는 권리이다. 이러한 활동을 통해서 자신과 다른 시민의 권리를 보호할 수 있는 수단이기도 하다. 따라서 자원봉사는 국가나 시장이 강제할 수도 없고 막을 수도 없는 시민의 자발성과 자율성에 기초한 권리라고 할 수 있다.

자원봉사는 시민의 의무이기도 하다. 복잡한 현대사회를 살아가는 시민은 고도의 분업화된 역할을 하면서 살고 있다. 우리가 아침에 눈을 떠서 다시 잠자리에 들 때까지 사용하거나 의존하는 물건 및 서비스 중에서 직접 만들고 설계한 것이 몇 가지나 되는지 생각해 보자. 대부분은 누군지도 알지 못하는 타인들의 노력으로 생산된 것을 이용하게 된다. 자원봉사 역시 상부상조의 맥락에서 보면 동일한 논리로 설명할 수 있다. 우리는 누군가의 자원봉사로 이익과 행복을 얻기도 하고 누군가에게 우리의 자원봉사를 통해 이익과 행복을 주기도 한다.

아침에 어린 자녀를 학교에 혼자 보낼 수 있는 것은 누군가가 학교까지의 횡단보도나 위험한 길에서 등굣길에 교통지도 봉사를 해 주는 덕일 수 있다. 깨끗한 낙동강과 안전한 수돗물을 향유할 수 있는 것은 공공기관이 노력한 결과이기도 하지만, 환경단체 및 이름 모를 시민들이 자원봉사자로서 낙동강을 감시하고 청소 작업을 하는 땀의 결과이기도 하다. 시민 각자가 자원봉사자로 거리의 꽃길 조성과 정비에 참여하였다면, 누군가는 이러한 활동으로 행복감을 느낄 수 있다. 이처럼 현대사회의 자원봉사는 익명성이 유지되는 상태에서 이루어지는 상부상조의 한 형태라고 할 수 있다.

이러한 맥락에서 보면, 자원봉사는 시민으로서의 주체성을 확인하고 국가 및 시장에 대한 시민의 주도성을 지켜 내기 위한 권리인 동시에, 누군가의 자원봉사로 혜택을 입고 사회적으로 빚을 진 우리가 당연히 갚아야 할 의무라고 이해할 수 있다. 물론 자원봉사는 자발성에 기초하기 때문에 처벌을 가능하게 하는 법적인 권리와 의무는 아니다. 자원봉사를 안 한다고 처벌하거나 자원봉사의 권리를 법으로 규정한 것도 아니다. 오히려 자원봉사는 시민으로서의 상호 간 연대적이고 도의적인 관계에 기초한 권리 및 의무라고 할 수 있다. 따라서 다른 시민을 위한 자원봉사는 곧 자신을 위한 행동이기도 하다(Gidron, Kramer, & Salamon, 1992: 196).

3. 자원봉사의 기능

자원봉사의 기능은 매우 다양한 측면에서 논의가 가능하다. 여기서는 시민사회와 관련하여 거시적인 측면에서 공공복지를 보완하고, 사회적 가치를 수호하며, 사회적 경제의 성공을 돕는 기능을 중심으로 살펴본다. 자원봉사가 시민 개인의 삶에 미치는 영향과 기능은 다음 장에서 논의할 것이다.

1) 공공복지 한계의 보완적 대안

20세기 후반 복지국가의 위기 이후 서구의 복지국가들이 재정위기를 경험하면서 사회복지서비스의 확대에 부담을 느끼게 되었다. 복지국가 시대에 중앙정부가 부담하던 사회복지에 대한 책임을 점차 민간부문으로 넘기거나(privatization), 지방정부로 넘기는 (localization 혹은 decentralization) 경향을 띠었다. 이 과정에서 중앙정부, 지방정부, 민간 영역은 사회복지의 재정적 책임 및 서비스 전달의 역할 차원에서 '복지혼합(welfare mix)'[2]이 나타났고, 복지공급 주체별로 다양한 형태의 관계를 형성하게 되었다(Powell et al., 2011; Gidron, Kramer, & Salamon, 1992).

중앙정부의 복지에 대한 지출이 정체되거나 축소되는 경향은 시

---

2) '복지혼합'은 복지의 책임과 제공 주체에 대한 '복지다원주의'를 이르는 말로서 복지는 국가(중앙정부)만이 아니라 비영리 섹터(제3섹터), 가족, 종교 조직, 시장 등 다양한 주제의 조합으로 이루어지고 있음을 의미한다. 자세한 것은 Powell(2011)을 참조하시오.

민사회와 시민의 역할을 새롭게 부각시켰다. 공공복지의 부족한 부분을 시민사회조직과의 파트너십 혹은 시민의 자원봉사를 통해 보완하는 경향이 증가하였다. 공공부문이 제3섹터의 시민사회조직과 파트너십 관계를 형성한다는 것은 시민사회조직과 연계된 자원봉사자들의 제도적 연계 혹은 흡수를 의미하기도 하였다. 예를 들어, 공공재정의 예산으로 충당될 전문 강사를 해당 전문성을 갖춘 재능기부자가 대체할 수 있고, 다문화 가족에 대한 통역을 자원봉사자를 통해 예산을 투입하지 않고 해결할 수 있다.

세계 어느 선진 복지국가도 제3섹터에서 활동하는 시민사회조직과 자원봉사자의 역할이 공공복지의 역할을 완전히 대체하는 곳은 없으며 대체할 수도 없다. 다만, 자원조직, 비영리단체, 시민단체 등 다양한 형태로 불리는 시민사회조직과 그와 연계된 자원봉사자는 공공복지의 축소된 책임을 보충하고, 공공복지의 문제점으로 지적되어 온 효율성, 다양성, 창의성 등의 결여를 대신 채워 줄 수 있다. 시민사회와 시민의 역량이 충분히 활성화되어 있어야 함은 물론이다.

2) 가치수호자

자원봉사는 가치수호자(value guardian)로서의 기능을 한다. 제3섹터의 자원 집단들(voluntary group)은 스스로를 가치수호자로 부르며 상당한 윤리적 의미를 부여한다(Gidron, Kramer & Salamon, 1992: 208). 자발성에 기초한 자원봉사는 자원봉사자가 시민사회에 지속적으로 요구되는 가치를 지향하게 된다. 자연의 보호가 중요하다고 생각하면 환경 분야의 단체에서, 동성애자의 인권이 중요하다고 생각하면 동성애자의 인권을 옹호하는 단체에서, 남녀의 평등이 중요하다고 생각하면 여권운동단체에서 자원봉사를 하거나, 회원으로 가입하여 회비를 내거나, 또는 일정한 자산을 기부할 것이다.

다양한 가치를 지향하는 다양한 시민이 왕성하게 해당 영역에서 자원봉사를 하고 시민사회조직을 지원한다면, 그만큼 그러한 가치는 사회적으로 다양하게 뿌리를 내리면서 강력한 힘을 발휘할 수 있게 된다. 시민이 다양한 목적을 지향하는 시민사회조직에 참여하여 자원봉사를 한다면 그만큼 그 사회는 다양한 가치가 공존하는 사회가 될 것이고, 시민의 개성과 자율이 마음껏 발휘될 것이다.

따라서 시민의 한사람으로서 특정한 가치가 중요하다고 생각한다면 관련된 시민사회조직에 적극적으로 회원 가입을 하거나, 자원봉사 등으로 참여를 하는 것이 필요하다. 마음으로만 다양한 가치가 존중되어야 한다고 생각하거나 말로만 기업이나 국가를 향해서 다양한 가치를 지키라고 외치는 것으로는 부족하다. 결국은 그 사회구성원이 시민으로서 자신이 소중하게 생각하는 가치를 지키고 발전시키기 위해 얼마나 적극적으로 참여하고 활동하는가에 따라 그 사회의 가치 다양성이 양적·질적으로 결정될 것이다.

3) 사회적 경제의 조력자

우리나라의 사회복지에서 사회적 경제의 역할이 확대되고 있다. 2000년 「국민기초생활 보장법」에 의해 자활사업이 시작된 이후, 사회적 기업, 사회적 협동조합이 사회적 경제 영역에서 제도화되었다. 최근에는 마을 만들기 사업의 확대와 함께 마을 기업이 만들어지고 있다. 사회적 경제의 기업들은 개별적인 작동 원리는 조금씩 차이가 나지만, 시장의 비즈니스 모델과 사회적 가치 실현이라는 공익 모델을 결합하는 방식을 통해서 집합적 자립 능력과 지역사회의 사회문제 및 복지욕구를 동시에 해결하려는 이중적 목적을 담고 있다. 즉, 경제 영역과 사회복지 영역이 결합된 새로운 패러다임의 제도라고 할 수 있다.

그런데 일반적으로 취약계층이나 저소득 밀집 지역에서 뿌리를 내리고자 하는 사회적 경제의 마을기업 혹은 사회적 기업은 기본적으로 자본과 전문적 기술의 한계를 안고 출발하는 경우가 대부분이다. 그렇기 때문에 사회적 경제에서 자원봉사 인력을 활용하여 인건비를 절약하고 외부에서의 전문성을 동원하여 서비스 및 생산품의 공급 가격을 낮추어 경쟁력을 확보하고자 하는 방안이 제시되고 있다. 사회적 경제에서 특히 주목하는 자원봉사는 전문적 기술을 제공할 수 있는 전문가 집단이나 숙련자의 프로보노(probono)[3]이다. 노동부로부터 사회적 기업에 대한 프로보노 연계 사업을 위탁받아 운영하는 '사회적 기업지원 네트워크(세스넷)'에 따르면, 2013년 전국적으로 약 700~800명의 프로보노가 활동 중에 있다(이은애, 2013).

현재까지의 실천적 경험에 따르면, 사회적 경제는 그것이 가지

---

3) 프로보노(pro bono, 라틴어 'pro bono publico'의 줄임말)는 전문적인 지식이나 서비스를 공익 차원에서 무료로 제공하는 선별적 활동을 의미한다.

는 사회적 · 공익적 성격으로 인하여 시민사회에 뿌리를 내리지 못하거나 극심한 시장경쟁에서 일정한 범위 내에서 보호받지 못할 경우 시장경쟁력을 가지는 단계로 발전하기 어렵다. 프로보노와 같은 자원봉사를 통해 가격 경쟁력을 확보함은 물론 다양한 전문적 기술을 결합시키고, 생산한 물품과 서비스를 시민사회나 공공영역에서 '보호된 시장(cared market)' 형태로 구매할 경우 사회적 경제는 상당히 용이하게 뿌리를 내릴 수 있다. 이러한 의미에서 자원봉사와 시민사회는 사회적 경제와 분리할 수 없는 관계에 있으며, 사회적 경제의 성공을 이끄는 조력자(enabler)의 역할을 한다고 할 수 있다.

 생각해 볼 문제

1. 우리나라의 시민사회조직들에 대한 시민의 참여가 낮은 이유를 생각해 보자.

2. 대학생으로서 자신이 소중하게 생각하는 가치는 무엇이며, 이것을 지키기 위해 어디에서 자원봉사를 해야 하는지 생각해 보자.

3. 자원봉사를 활용하여 사회적으로 유용한 가치나 이익을 창출할 수 있는 창의적인 방법을 생각해 보자.

제4장
자원봉사와 시민의 삶

　여러 사회정책과 마찬가지로 자원봉사 역시 시민이 겪는 문제나 욕구의 해결을 지향한다. 자원봉사가 사회 또는 공공의 이익을 추구한다고 할 때, 무엇이 공동선(common good)인가를 고민하는 것이 매우 중요하다. 자원봉사 역시 사회적 지향성으로서의 공공선에 대한 추구 수단이기 때문이다. 좀 더 미시적으로는 어떤 사회문제가 해결될 때, 자원봉사자가 보람을 느끼고 사회적 가치 실현에 대한 자긍심을 가질 것인가 역시 중요하다. 자원봉사는 봉사자의 희생으로 타인을 살리는 것이 아니라 서로 공생하며 원-원하는 것이기 때문이다. 이런 맥락에서 자원봉사를 이해하는 하나의 접근은 자원봉사가 해결하고자 하는 문제, 그로부터 영향을 받는 시민의 삶, 그리고 공동체 발전을 위한 공공선의 관계를 조명하는 것이다.

1. 사회문제에 포위된 시민의 삶

20세기 후반부터 전 지구적 차원으로 매우 급속하고 맹렬하게 세계화가 진행되고 있다. 금융자본주의를 핵으로 하는 신자유주의 물결은 어느 사회할 것 없이 경제는 물론 사회문화적으로 유래 없는 과잉 경쟁, 불평등, 공동체 파괴 등의 사회문제를 만들어 내고 있다. 다만, 문제의 정도가 더 심화되고 악화되는 부분이 다를 뿐이다. 여기서 말하는 사회문제는 일반적으로 "많은 사람에게 영향을 주고, 사회현상에 바람직하지 못한 영향을 미치며, 이러한 문제에 대해 어떤 행동을 요구하고, 집단적 사회행동에 따른 사회개입이 존재한다는 의미를 포함하는 현상이나 대상"(Paul, Horton, & Leslie, 1995: 4)을 의미한다. 사회문제는 역사적으로 어느 시기, 어느 사회에도 존재했으나, 신자유주의적 세계화 시기에는 더욱 새롭고 복잡하며, 깊은 상처를 남기고 있다.

사회문제는 다양한 범주로 구분할 수 있다. 특히, 사회문제를 해소하기 위해 설계되는 사회정책이나 실천 프로그램의 차원으로 넘어오면, 사회문제는 다른 다양한 분류체계와 영역으로 세분화되어 논의된다. 비교적 최근에 잇젠과 진(Eitzen & Zinn, 2000: 9-10)은 사회문제를 체제문제, 인구문제, 불평등 문제, 제도문제, 일탈문제로 분류하였다. 체제문제의 하위 범주로는 부와 권력의 문제, 사회체제 문제, 부의 집중 문제, 정경 유착의 문제, 권력 집중의 문제 등이 있다. 인구문제의 하위 범주로는 글로벌 문제, 환경문제, 노령화 문제, 도시문제, 식량문제 등이 있다. 불평등 문제의 하위 범주는 빈곤문제, 인종문제, 성차별 문제, 동성애 문제 등을 포함한다. 제도문제의 하위 범주는 노동문제, 고용문제, 가족문제, 학대문제, 폭력문제, 교육문제, 보건문제, 테러문제 등이 해당한다. 마지막으로 일탈문제는 정신문제, 범죄문제, 약물문제, 부적응 문제 등을 포함한다.

잇젠과 진의 다섯 가지의 사회문제 영역과 하위 범주는 사회 구조 및 개인의 거의 모든 영역을 아우르고 있는데, 국내 연구도 범주 구분의 기준만 다를 뿐 유사한 분류를 하고 있다. 이창언, 김창남, 오수길 및 조희연(2013)에 따르면, 우리나라의 사회문제는 다음과 같이 구분된다. 첫째, 사회구조와 사회문제로, 노동, 토지, 빈곤, 교육, 종교, 농업과 먹을거리, 신자유주의와 지구화, 역사 왜곡과 과거 청산, 재외동포의 문제를 포함하고 있다. 둘째, 세대와 사회문제로, 청소년, 청년(대학생), 중년, 노인의 문제를 포함한다. 셋째, 차별과 사회문제로, 여성, 다문화, 소수자에 대한 문제이다. 넷째, 삶의 질과 사회문제로, 환경, 범죄와 일탈, 자살, 스트레스, 건강 불평등, 소비문화와 여가, 정보사회의 명과 암, 식문화 등의 문제이다. 우리 사회와 시민 개인의 삶에 연관되지 않은 사회문제가 없다. 우리는 그만큼 위험한 사회에서 삶을 만들고 유지하고 있는 것이다.

모든 영역의 사회문제 중에서도 최근 사회적 관심이 집중되면서 뜨거운 쟁점으로 등장하고 있는 몇 가지 중요한 사회문제의 예를 들면 다음과 같다.

1) 규제완화와 안전문제

2013년과 2014년 들어 우리 사회의 가장 큰 사회문제는 철도민 영화와 의료민영화, '세월호 사건'과 관련된 규제완화이다. 규제완화나 민영화는 대부분 국가의 재정적 부담을 덜고 민간 영역의 자율과 책임을 강화하며, 국민의 부담이 늘어나게 되는 흐름을 가진다. 수많은 인명을 바다에 묻어 버린 세월호 사건은 규제가 국민의 안전과 밀접한 관련이 있음을 보여 주었다. 즉, 규제를 통해 각종 안전 조치들을 다시 확보할 수 있으며, 비용 최소화의 효율성도 중요하지만 유지 보수 등의 작업이 국민 안전의 확보 측면에서 더 중요함을 국민에게 새롭게 인식시켜 주었다.

2) 노동자의 피로와 스트레스

우리나라는 OECD가입 국자 중 최고의 노동 시간, 성과 중심의 과도한 초과근무에 따른 피로와 스트레스, 서로의 곁을 나누어 주지 못하고 개인에 매몰되는 '단속사회' 문제 등으로 직장인의 삶은 더욱더 고갈되고 있다. 이 때문에 우리나라는 노동자의 정신질환, 우울증이 급증하고, 자살률 1위의 오명을 씻지 못하고 있다. 또한 이러한 사회적 흐름은 사교육과 입시지옥에서 하루하루를 살고 있는 청소년에게도 동일하게 나타나고 있다. 이로 인해 청소년은 스트레스를 풀기 위해 게임에 중독되고 각종 일탈로 나가기도 한다.

3) 청년실업과 고착되는 교육불평등

'헬조선' 'N포세대' '흙수저론'의 뒤를 이어 '청년실신' '청년 실업자'에 '신용불량자'가 더해진 '부채 세대' 등의 신조어나 유행어는 우리 사회의 청년의 아픈 현실을 그대로 보여 주고 있다. 청년세대의 실업률은 점점 더 높아지고 있다. 통계청의 '2016년 12월 및 연간 고용현황'에 따르면, 15~29세의 고용률이 42.3%로 전년대비 0.8% 늘었으나, 실업률은 9.8%로 역대 최고치를 경신했다. 또한 통계청의 '2016년 5월 청년층 및 고령층 부가조사'에 따르면, 졸업 후 첫 직장을 구하기까지 평균 11.2개월이 걸렸다. 첫 직장에서의 평균 근속 기간도 1년 6.7개월밖에 되지 않으며, 이 가운데 48.6%는 보수와 노동 시간 불만으로 퇴사한 것으로 나타났다.

교육의 문제에서도 더 이상 개천에서 용이 나지 않는 상황이 고착되고 있다. 계속해서 증가하는 사교육시장은 저소득 가정 아동의 학습 지원 및 정서적 지원의 문제를 낳고 있다. 청소년에게 부과되는 과중한 학업 부담은 왜곡된 성장을 하게 만든다.

이 외에도 저출산·고령화 문제, 미세먼지 등 환경오염 문제, 원전의 안전성 문제 등 우리 시민의 삶을 위협하는 다양한 사회문제가 존재한다. 조금 과장하면 '위험 사회에서 위험에 포위된 채' 매일 매일을 살아간다고 할 수 있다. 이렇게 산적한 우리 사회의 문제들은 국가의 정책적 노력이나 시장을 통한 기업들의 지원으로 쉽게 해결할 수 있는 차원이 아니다. 그런 차원을 넘어서는 종합적이고 복잡한 구조적 문제들이 많다. 시민의 자원봉사를 통해 해결할 수 없는 사회문제 역시 상당히 많다. 오히려 자원봉사를 통해 해결이 가능한 문제는 그렇게 많지 않다. 자원봉사활동을 통해 문제의 악화 속도를 지연시키거나 현상 유지가 최선인 문제들도 많다.

그렇다면 자발적인 시민의 노력, 자원봉사를 통한 사회문제의 해결은 어느 정도 가능할 것인가? 희망을 가져도 되는 것인가? 이 물음에 전적으로 낙관적인 응답을 할 수 없는 것이 사실이다. 하지만 비관적인 응답만을 예상하는 것도 올바른 현실 인식이 아니다. 자원봉사가 모든 것을 해결하는 만능열쇠가 아닌 것은 분명하지만, 우리 사회의 무너진 공동체성을 회복하여 바람직한 미래로 이끌 수 있는 가장 희망적인 수단의 하나가 자원봉사임을 명확히 인식해야 할 것이다.

2. 자원봉사와 사회문제

사회문제들 가운데 자원봉사를 통해 해결할 수 있는 영역은 무엇인가? 대개의 경우 자원봉사라고 하면 사회적 취약계층에게 서비스를 제공하는 사회복지의 영역으로 축소하여 생각하는 사람들이 많다. 그러나 유럽과 미국의 경우에는 사회개혁부터 스포츠의 영역까지 자원봉사자들이 다양한 분야에서 사회문제의 해결에 개입하고 있다. 우리의 모든 삶이 위험에 노출되어 있는 것처럼 그 모든 영역에 자원봉사의 영향력이 작동하고 있다. 형태는 다양하지만 모든 자원봉사활동은 사회문제를 해결하고 공동체를 세워 가는 것을 지향하고 있다.

[그림 4-1] 자원봉사자가 사회 이슈에 더 많이 참가한다.

출처: 한국자원봉사문화(volunteeringculture.or.kr) 제공

사회문제 해결을 위한 조건, 특히 중앙정부와 지방정부의 예산 부족이 자원봉사의 역할을 확대시키고 있다. 예를 들어, 사회복지 분야는 공공과 민간 구분없이 그러한 경향이 뚜렷하다. 복지재정의 어려움 등으로 사회복지 영역에서 자원봉사자의 활동이 상당히 중요한 역할을 하고 있다. 사회복지 재정의 제약으로 인한 인력의 부족을 상당 부분 자원봉사자로 대체하고 있는 것이다. 그리고 공공서비스 영역에서도 자원봉사의 역할을 중시하고 활동의 비중을 높이고 있다. 특히, 문화재나 공원의 청소, 산과 강의 환경보호, 불조심 등의 캠페인, 대규모 행사 등에 많은 자원봉사자가 필요하다. 이들은 도우미, 스태프, 안내자 등 다양한 형태로 활동하고 있고, 때로는 행사에 동원되는 청중의 모습을 할 때도 있다.

1) 복지와 자원봉사

여러 분야에서 사회문제를 해결하거나 사회경제적 요구에 적절히 대응하기 위해 다양한 자원봉사활동이 이루어진다. 분야별로 구체적인 사례들을 살펴보는 것도 사회문제 해결과 자원봉사의 중요한 관련성을 이해하는 데 도움이 될 것이다.

(1) 청년 창업과 청소년 복지

전통적으로 청소년 복지에서의 자원봉사는 저소득층 청소년을 지원하거나 사춘기의 방황이나 청소년기의 비행에 대응하여 멘토, 상담, 활동 프로그램 지원 등이 주를 이루어 왔다. 하지만 최근에는 청년 창업 지원처럼 새로운 봉사 영역이 등장하고 있고, 교육개혁을 지향하는 등 새로운 활동의 방향성도 제시되고 있다.

2011년 KBS에서 방영한 〈KBS스페셜-미국을 떠받치는 힘, 자원봉사〉라는 다큐멘터리를 보면, 하늘을 나는 자동차를 구상하는 메사추세츠 공과대학교의 학생들을 위해 선배들이 무료로 벤처 자문 서비스를 제공하여 청년 창업을 돕는 것을 볼 수 있다. 또한 성인들이 청소년의 여가생활을 지원하기 위해 비영리단체인 카붐(Kaboom)에 가입하여 경기 감독 및 진행자로 청소년 체육클럽을 운영하는 자원봉사를 지역마다 광범위하게 펼침으로써 청소년이 건강하게 성장하도록 지원하고 있다.

자원봉사는 단순하게 청소년 복지에 국한되지 않고 밀접한 연결고리인 교육개혁을 지향하기도 한다. 청소년 지원 프로그램으로 2009년 '동생행복을 위한 서울동행프로젝트'가 실시되었는데,

이 프로그램에서는 대학생의 재능기부를 활성화하고 공교육을 강화하는 활동을 통해 학습과 예체능 활동을 지원하였다. 더불어 사교육의 급증으로 교육을 통한 기회의 사다리가 끊어지는 흐름에서 재능 있는 저소득층 가정의 아동·청소년이 딛고 일어설 수 있는 힘을 주었으며, 대학생에게는 사회에 대한 경험 및 예비교사로서의 사전 학생지도 체험을 쌓을 수 있게 하였다.

(2) 노인복지 분야

노인복지는 전통적으로 돌봄 서비스를 중심으로 많은 자원봉사 활동이 이루지는 영역이다. 장애인 분야처럼 심신의 제약으로 많은 활동 보조가 필요하기 때문이다. 최근에는 단순한 돌봄을 넘어 여가의 활용 등 노인을 위한 자원봉사가 다양화하고 있다.

저소득층 노인에 대한 돌봄 서비스에서 자원봉사는 매우 중요한 역할을 한다. 늘어나는 저소득층 돌봄의 문제해결은 국가의 재정이나 기업의 지원으로도 한계가 있다. 그래서 매우 많은 자원봉사자가 활동을 하고 있는데, 특히 종교단체에 속한 사람들이 각종 사회복지시설에서 간병이나 상담 등을 지원하고 있으며, 사회복지관에서는 각종 프로그램을 지원하거나 사무보조 또는 교육 등의 간접적인 지원을 하기도 한다.

노인복지관의 경우, 왕성하게 활동하고자 하는 은퇴자를 강사나 각종 노인지원사업부서에서 자원봉사자로 활동하도록 하고 있다. 실버봉사단을 조직해 신문을 제작·배포하거나, 연극을 만들어 소외지역에 가서 공연을 하기도 한다. 이러한 활동을 통해 노인의 노후생활에 활력과 생기를 주고 사회복지에도 기여하는 것이다. 지역종합사회복지관에 들러 보면, 재능기부 형태로 댄스를 가르치며 노인의 즐거운 여가활동을 돕는 노인자원봉사자를 볼 수 있다.

(3) 지역복지: 마을 공동체 만들기

최근에는 전국적으로 마을 만들기, 공동체 만들기가 활발하게 진행되면서 벽화 만들기 같은 사업에 자원봉사자들이 활발하게 참여하고 있다. 자원봉사라고 할 수 없는 주민의 적극적인 참여가 이루어지고 있지만, 다양한 재능과 열정을 지닌 자원봉사자들이 합류하면서 마을 만들기 사업이 더욱 많은 힘을 얻고 있다. 또한 주민을 주체로 한 봉사단도 등장하고 있다. 공동체가 사라지는 현실의 도시생활 속에서 마을봉사단을 구성하여 지역 내 '희망 일꾼'으로 일하게 하여 마을 공동체를 형성하는 동력으로 삼는 일이 마을 만들기 사업의 한 방법으로 각 지역에서 실행되고 있다.

2) 시민참여, 사회개혁과 자원봉사

일반적으로 장애인이나 노인 돌봄 서비스 같이 당장 필요한 서비스 수요에 대하여 직접적으로 대응하는 것이 시민에게 익숙한 자원봉사일 것이다. 하지만 어떤 국면에서는 자원봉사활동이 사회개혁 혹은 제도 변혁을 위한 거대한 시민참여의 행렬에 위치하기도 한다. 시민의 에너지를 분출하는 이러한 흐름에서 다수의 사회성원들이 원하는 사회 개혁의 방안들을 제시하고 이를 위한 정치적·사회적 운동이 동반되기도 한다. 이런 점에서 자원봉사는 상

당히 정치적 성격을 가질 수 있다.[1]

자원봉사자는 시민의 참여와 운동을 더욱 용이하게 하는 촉진자 및 편의제공자와 같은 역할을 하는 경우가 많다. 대규모 행사나 집회에서 질서와 안전을 위한 활동을 하고, 필요한 설비·시설을 설치하거나 관리·운영하는 곳에서 활동하기도 한다. 또한 안내·홍보 활동을 할 수도 있고, 행사 후 뒷정리를 담당하기도 한다. 이러한 활동은 그 행사나 집회가 추구하는 사회나 가치에 동의하지 않으면 수행이 쉽지 않은 자원봉사이다. 우리 국민이 경험한 특별한 사건들을 통해 이해의 폭을 넓혀 보자.

(1) 세월호 사건

2014년 세월호 사건으로 진도 팽목항에서는 그해 말까지 연 인원 55,035명의 자원봉사자가 참여하였다. 이들은 희생자를 위한 추모회와 분향소를 방문한 추모객을 안내하고 노란 리본을 제공하는 등 다양한 활동으로 팽목항을 찾는 이들과 유가족들을 도왔다. 특히, 세월호 사건은 진상 규명과 특별법 제정을 촉구하는 서명 운동을 벌이는 등 뚜렷한 요구와 주장이 정부와 정치권을 향하고 있었다. 이 과정에서 시민의 참여가 이어졌으며, 2015년 4월 17일에는 4,160명의 시민이 촛불로 세월호 형상을 만듦으로써 '세상에서 가장 슬픈 도전'으로 희생자를 추모하였다. 이 추모 행사에도 160명의 자원봉사자가 스태프로 참여하였다. 이렇듯 세월호 사건에 대한 자원봉사는 국가적 규모의 재난에 대한 시민의 문제

---

[1] 이와 관련하여 자원봉사의 비정파성에 대한 논쟁이 있을 수 있다. 제2장을 참조하시오.

제기와 비판적 주창 활동을 용이하게 하여 안전 시스템에 대한 개선 방향을 공론화 하는데 직간접적으로 기여했다고 볼 수 있다.

(2) 메르스[2] 사태

2015년 메르스 사태에서도 시민은 서울시가 메르스 대책상황실을 조직하고 감염 경로를 공개할 때, 곧바로 자원봉사센터에서 봉사활동 가이드라인을 수립해 공지하였다. 이를 통해 시민들의 참여를 유도하고 환자가 발생한 병원을 표시하여 확산 현황과 위치를 실시간으로 확인·수정할 수 있도록 하였다. 이러한 과정을 거쳐 메르스 맵을 구성하여 전염성 질환을 관리하고 예방하는 데 중요한 사례를 만들었다.

또한 메르스 환자와 의료진을 위해 서울시자원봉사센터에서는 페이스북으로 시민의 응원 댓글 캠페인을 전개하여 긴박하고 힘든 시간을 이겨 가는 사람들을 격려하였으며, 대한가정의학회는 의사 21명으로 핫라인을 구성하여 서울지역 보건소 실무자들에게 필요할 때마다 실시간으로 의학 자문을 해 주었으며, 대한의료관련감염관리학회 및 방역협회와 울산시 자원봉사센터 재난전문봉사단은 공공시설과 다중이용시설에 대한 방역과 소독 활동 펼쳤다. 이는 자원봉사의 위대한 힘을 보여 준 사례라고 할 수 있다.

---

2) 메르스(중동호흡기증후군, Middle East Respiratory Syndrome: MERS)는 2012년 4월부터 사우디아라비아 등 중동 지역을 중심으로 주로 감염자가 발생한 급성 호흡기 감염병으로, 2015년 5월부터 우리나라 전역에서 100명이 넘는 감염자가 발생한 바이러스 질환이다.

(3) 부산시 기장군 해수담수 공급 문제

부산시 기장군의 '기장해수담수[3] 공급 반대 운동'이 있었다. 2011년 일본 후쿠시마 원전사고 이후, 방사능 누출과 피해에 대한 경각심이 높은 상황에서 2014년 11월 부산시의 해수담수 공급 계획이 발표되고 계속적으로 통수(通水)[4]를 결정하였다. 그러자 2016년 3월 기장해수담수 공급 찬반 주민투표와 개표를 기장군 엄마모임과 전국에서 달려 온 자원봉사자 500여 명의 활동으로 성사시켜 해수담수 공급을 일차 막아 낼 수 있었다. 앞서 뉴스타파(2015)에서는 "두산중공업의 이익을 위해 주민 10만 명을 실험에 동원한다."라는 기사가 실렸으며, 해수담수화가 안전하지 못하다는 사례들을 소개했다. 이러한 공급 반대 활동을 통해 우리 사회 내 탈핵과 친환경에너지에 대한 관심을 높이는 데 성공하였고, 2017년 5월 대통령 선거에서 당선된 문재인 대통령은 노후 원전의 폐쇄를 공약하였다. 안전한 에너지를 위한 사회적 의제 형성의 과정에서도 어김없이 자원봉사자들의 적극적 활동이 존재했음을 주목할 필요가 있다.

---

3) 해수담수화(海水淡水化)는 생활용수나 공업용수로 직접 사용하기 어려운 바닷물에서 염분을 포함한 용해물질을 제거하고 순도 높은 음용수 및 생활용수, 공업용수 등을 얻어 내는 일련의 물처리 과정을 의미한다(두산백과, http://terms.naver.com에서 검색).

4) 통수는 수도가 없는 지역에 물을 댄다는 의미로, 여기서는 바닷물을 담수로 만들어 시민의 생활 속으로 공급한다는 의미이다.

3) 가치 창출 및 사회적 지속 가능성과 자원봉사

때로 자원봉사는 개인에 대한 봉사보다는 사회의 구조적 문제와 지속 가능성, 사회가 지배적으로 추구해야 할 가치의 보호 및 제고 등을 지향하는 운동으로서의 성격을 가질 수 있다. 시민사회단체는 다양한 가치를 추구하며, 개별 시민단체는 인권 수호, 복지 실현, 부패 척결, 환경보호 등의 가치 중 한 가지 혹은 복수의 가치를 수호하거나 실현하기 위해 설립하고 실천한다. 여기에 시민은 자신이 중요하다고 생각하는 가치에 따라 시민단체에 가입하여 자원봉사활동을 할 수 있다.

자원봉사자가 많이 참여하고 시민이 왕성하게 참가하는 시민단체의 활동은 그들이 지키고자 하는 가치를 수호할 가능성이 크다. 이런 방식으로 한 사회의 다양한 가치가 지켜질 경우 그 사회는 다양성을 보장하면서 지속적으로 발전할 가능성이 커진다. 최근 우리 사회에서도 사회의 지속 가능성에 기여함을 목적으로 하는 자원봉사가 증가하고 있다. 기존에는 시민단체의 활동이 대부분이었지만, 최근에는 사회적 경제를 통한 가치 추구의 새로운 경향이 생겨나고 있다. 우리 주변에서 볼 수 있는 사회적 경제의 대표적인 예는 사회적 기업, (사회적) 협동조합, 마을 기업이다. 자원재활용을 위한 사회적 기업, 유기농을 통한 건강한 먹거리를 추구하는 협동조합, 빈민에게 고용을 제공하는 사회적 협동조합 등 다양한 가치를 추구하는 사례들이 존재한다. 여기서는 사회적 기업과 협동조합의 사례를 살펴보자.

(1) 사회적 기업

사회적 기업부문에서는 먼저 '아름다운 가게'를 들 수 있다. 아름다운 가게는 2002년에 설립되어 버려지는 물건을 모아 재사용하고 순환시킴으로써 생태적인 변화를 추구한다. 자원봉사활동은 연령별, 유형별로 매뉴얼로 정해져 있고, 자원봉사활동에 대한 교육도 철저하게 이뤄지고 있다. 보통 매장관리, 기증 물품의 손질 및 분류, 사진 촬영, 수거, 사무보조 등의 활동을 하게 된다. '빅이슈 코리아'의 경우에도 노숙인에게 일자리를 제공하고 경제적 자립을 지원하기 위해 2010년 7월에 잡지를 창간하였다. 유명인들이 재능기부 형태로 표지모델이 되거나 일반인이 판매를 위한 자원봉사자로 활동하고 있으며, 전문가들이 잡지의 제작 등에 참여하고 있다. 전문가의 재능기부, 곧 프로보노 활동을 하는 사례로는 '세움 카페'가 있다. 세움 카페는 지적 장애를 가진 청년들이 바리스타를 하면서 평생직장의 꿈을 가지고 만든 것이다. 장애 청년의 어머니들이 제빵을 담당하며, 재무회계와 디자인 등의 분야에서는 전문가들이 지원하고 있다.

(2) 협동조합

협동조합 형태의 사례로는 안성의료생협, 자바르떼, 토닥토닥협동조합이 있다. 자바르떼는 2012년 12월에 협동조합으로 전환되었다. 지역주민 누구나 문화를 향유할 수 있도록 하였고, 풍물·타악·노래·악기·미술·만화·연극 등의 수업을 제공하는 공연예술 전담팀들이 구성되어 있다. 자원봉사자로는 문화예술 분야의 재능인, 대학생 및 일반인이 참여할 수 있으며, 보조 진행, 촬영,

박람회 등 행사 보조를 한다. 토닥토닥협동조합은 2012년에 설립된 청년들의 경제적·사회적 지위 향상을 위한 금융조직이다. 금융 상호 부조뿐만 아니라 청년의 재능 나눔과 생필품 나눔을 실천한다.

이러한 사회적 경제는 제3섹터의 시민사회를 기반으로 발전하고 있다. 정부의 공공서비스가 재정문제나 인력문제로 개입하여 해결하기 어려운 상황에 직면하거나, 시장경제를 통해서도 풀기 어려운 상황에서 제3섹터의 주체적 역량과 개입이 필요하게 된다. 자발성에 기반하고 공동체 형성에 가치를 둔 시민으로서의 자원봉사자는 제3섹터를 매개로 하여 대가를 바라지 않고 자신의 재능과 시간을 투자하여 지역사회의 각종 문제와 어려운 부분을 해결해 나가고 있다.

3. 자원봉사활동과 시민의 삶

자원봉사활동은 우리 사회 속에서 어떻게 시민의 삶을 변화시킬 수 있을까? 시민으로 살아가는 동안 누군가는 자원봉사자로서 여러 영역에서 활동을 하게 된다. '너'라는 존재는 '나'라는 상대의 자원봉사를 통해 직간접적으로 서로 도움을 받을 수 있다. 자원봉사활동과 시민의 삶은 자원봉사자로서의 삶과 봉사의 수혜자로서의 삶으로 구별하여 살펴볼 수 있다.

1) 시민으로서 자원봉사자의 삶

많은 자원봉사자들과 인터뷰 혹은 대화를 해 본 경험이 있는 사람이라면 흔히 들을 수 있는 말이 있다. "자원봉사를 통해 도움을 주려고 했는데, 오히려 나 자신이 많은 것을 배우고 느끼고, 도움을 받았다."라는 언급이다. 이 말은 자원봉사활동이 일방적으로 주기만 하는 활동이 아니며, 자원봉사자 자신의 삶도 여러 영향을 받고 변화한다는 의미이다.

첫째, 팍팍하고 피로한 사회 속에서 스스로에게 매몰된 삶에서 벗어나 새롭게 자신을 돌아볼 수 있는 전환의 기회를 갖게 한다. 자원봉사를 하는 시민들의 상당수가 종교단체를 통해 자원봉사활동을 하고 있다. 세상사에 휩쓸려 생활하다 잠시 또는 일정 정도의 시간 동안 내면을 전환할 수 있는 성찰의 시간이 중요한 것처럼, 자신에게 매몰된 긴박한 삶 속에서 이웃과 주변을 돌아볼 수 있는 소중한 기회가 자원봉사활동이 될 것이다. 자원봉사활동은 경쟁과 성과의 질서에 짓눌려 숨이 막히는 현대사회의 시민에게 탈출이라는 새로운 반전의 계기를 제공할 수 있다.

둘째, 자원봉사에 참여하는 시민은 제한된 생활 속에서 반복되는 익숙한 경험에서 벗어나 자원봉사활동을 통해 자신과 타인, 자신과 사회의 관계를 새롭게 인식함으로써 또 다른 생의 가능성을 만난다. 사단법인 한국자원봉사문화는 자원봉사활동 참여자들이 경험하는 변화로서 '새로운 시각을 갖게 되었고, 자신의 필요성을 느끼게 되었다.' '자원봉사를 통해 이웃의 삶을 살피게 되었고, 그들의 삶이 나와도 관계 맺고 있다는 인식을 갖게 되었다.' '자원봉사를 하며 사회를 접하고 지역사회를 가꾸게 되었다.' 등을 제시하고 있다. 나를 새롭게 발견함으로써 나를 둘러싼 관계를 통해 새로운 인생의 방향과 수단들을 고민하고 만들어 갈 가능성이 열릴 수 있는 것이다.

셋째, 자원봉사를 하는 시민은 인간에 대한 새로운 인식을 갖는다. 구체적인 자원봉사 현장에서 만나는 노숙인, 노인, 아동이나 장애인을 돌보면서 인간에 대한 개인적인 고정관념을 깨뜨리거나, 인간을 있는 모습 그대로 인정할 수 있는 성숙을 가져오게 되는 것이다. 인간을 경멸, 동정하는 단계를 극복하고 같은 인간으로서의 위상을 존중하게 하는 단계에 이를 수 있는 인식의 발전을 기대할 수 있다.

넷째, 자원봉사를 하는 시민은 지역사회를 건강하게 하는 데 참여한다. 자원봉사는 자발적으로 참여하는 활동을 통해 시민 스스로가 자신이 속한 지역사회의 문제에 더 민감하게 반응하고, 그것의 해결을 위해 참여하게 만든다. 그래서 그동안 다른 사람의 일처럼 느끼던 것을 자신과 연결된 것으로 인식하고 대안적 해결을 모색하게 되는 것이다. 자원봉사 기간이 늘어나고 타인과의 교류가 증가하면 점차 집단적 해결의 가능성과 중요성에 대한 인식이제고될 것이다.

2) 자원봉사 수혜자의 삶

자원봉사의 수혜자는 사실상 사회의 전 구성원, 즉 시민이다. 자원봉사의 역량은 사회적 약자나 문제 상황에 집중된다. 이런 상황에서 일반 시민은 자신이 자원봉사에 의해 수혜를 받고 있다는 인식을 못할 수 있다. 이것은 일종의 착각이다. 자원봉사활동을 통해 환경이 정화되고, 인권이 개선되고, 노인이 즐겁게 생활한다면, 결과적으로 그런 사회를 살아가는 모든 시민이 행복한 것이다. 이는 시민 행복의 전부는 아니라 할지라도 일정 부분 자원봉사활동의 영향을 받는 수혜이다. 여기서는 간접적이고 일반적인 수혜자보다는 자원봉사 활동으로부터 직접적인 도움을 받은 취약계층의 시민이나 집단을 중심으로 자원봉사와 그들의 삶의 관련성을 살펴본다.

첫째, 좌절하고 포기하는 삶의 태도에서 도전적인 태도로 나아갈 수 있는 힘과 기회를 제공한다. 취약계층의 경우 지원되는 자원의 부족으로 자신의 상태를 개선하지 못하여 도전하기 위한 선택을 염려하고 두려워하기 쉽다. 예를 들어, '서울동행프로젝트'의 사례를 보면, 대학생 교사의 지원을 받은 고등학생은 '수포자(수학포기자)'에서 자신이 막혔던 부분의 실타래를 풀고 흥미를 갖고 꿈을 키우게 되었고, 쪽방촌의 수급희망자는 당사자 자원봉사로 기존 수급자들의 도움을 받아 행정의 벽을 두드리는 힘을 갖게 되었다. 또한 중학생의 숫자 가르치기 도움을 받은 할머니는 전화를 할 수 있게 되었고, 좀 더 세상과 소통할 수 있게 되었다(배윤진, 2016: 156-157).

둘째, 세상을 향해 닫았던 마음의 문을 열게 된다. 요리 재능기부단체 '한 끼'는 현업 요리사들이 모여 매주 목요일 사회복지시설 두 곳을 번갈아 가며 아동·청소년들을 위한 따뜻한 밥 한 끼를 만들었다. 그룹 홈(group home) 아이들은 밥상에서 요리사들을 언

[그림 4-2] '재능기부'로도 불리는 프로보노는 다양한 분야의 전문가를 자원봉
사로 활용하여 문제를 해결할 수 있도록 해준다.

출처: 한국자원봉사문화(volunteeringculture.or.kr)

니, 오빠라고 부르면서 마음에 생기를 얻게 된다. 또한 진도체육
관에서 극도로 신경이 날카로워진 세월호 가족들은 곁에서 그저
묵묵히 밥 짓고 청소하며, 가족들의 부탁을 들어주는 자원봉사자
들을 '소리 없는 천사'로 부르면서 그 상황을 버틸 수 있는 힘을 얻
었다.

셋째, 시민단체나 사회적 경제 부문의 경우에는 사회적 미션과
비전을 창출할 수 있게 된다. 비영리단체나 조직들은 자원봉사나
자원 활동, 기부나 후원 등을 통해 상당히 많은 부분이 운영되며,
연결망을 만들어 다양한 프로보노 활동을 지원받음으로써 어려운
시장 상황에서 풀기 여러운 많은 문제를 해결하고 있다.

이와 같이 자원봉사활동을 통해 시민은 자신의 정체성을 새롭게

발견하고 위축되었던 자신의 영역을 넓혀 가면서 성장하는 기회를 얻고 있다. 또한 자원봉사활동을 통해 소외된 인간을 경멸하는 단계에서 존중하는 단계로 넘어가는 성숙을 가져올 수 있으며, 지역사회의 문제를 스스로 인식하고 그 해결을 위해 적극 나서게 됨으로써 지역을 건강하게 만들게 된다. 그 결과 시민의 역할로 공공서비스는 보다 안정적이면서 풍성하게 채워져 가고 있으며, 사회통합적인 새로운 흐름을 가지게 된다. 그리고 자원봉사를 받은 사람이나 단체들도 새로운 계기를 마련하고 세상과 관계하며 지속 가능한 사회를 위한 노력을 경주하게 된다.

우리 사회의 바람직한 변화를 가져오고 있는 자원봉사는 이제 생겨난 지 25년에 이르고 있다. 일반 시민이 활동을 통해 개인적인 보람을 느끼는 수준에서 지역의 공동체를 살리고 시민사회의 건강성을 사유할 수 있는 수준까지 도달하려면, 자원봉사에 대한 좀 더 근본적인 의식의 도약이 요구된다. 자유롭게 지역에 대해 고민하고 토론하여 우리 사회의 미래 모습을, 그리고 그것을 위해 현재 필요한 것을 찾아내고 준비해 가는 시민을 끊임없이 만나고 참여시키는 것이 한 차원 높은 자원봉사를 위해 우선되어야 할 일이다.

생각해 볼 문제

1. 우리사회에서 중요하다고 생각되는 사회문제 세 가지에 대해 논해 보자.

2. 시민의 한 사람으로서 자원봉사로 해결하고 싶은 우리 사회의 문제는 무엇인지 생각해 보자.

3. 자원봉사를 참여한 경험으로 볼 때, 자신의 삶에 자원봉사가 미친 긍정적인면과 부정적인 면은 무엇인지 생각해 보자.

제5장
자원봉사의 방법과 절차

　자원봉사는 자발적인 의사만 있다면 누구든지 참여할 수 있다. 하지만 실제 자원봉사 활동은 그리 쉬운 일만은 아니다. 효과적인 목표 달성을 위해서 자원봉사는 체계적인 활동단계, 즉 과학적 절차를 거쳐야 하기 때문이다. 따라서 자원봉사를 처음 시작하기 전에 자원봉사자는 자원봉사의 전문적이고 과학적인 성격을 이해해야 하며, 사전에 철저한 계획과 준비를 해야 한다(진재문, 2005).

　자원봉사는 왜 과학적 절차에 따라야 하며, 어떤 관리과정을 거치고, 어떤 방법으로 자원봉사에 참여할 것인가? 그 실천적 방법에 대하여 살펴본다.

1. 자원봉사와 과학적 절차

1) 과학적 절차의 필요성

자원봉사는 쓰레기 줍기나 독거노인 말벗하기 등과 같이 단순한 활동부터 직업변호사의 법률 상담과 같은 전문적인 프로보노 활동에 이르기까지 그 분야가 광범위하고 다양하다. 하지만 그 활동 대상과 영역에 관계없이 자원봉사는 철저히 과학적 절차에 따라야 한다. 진재문(2005, 2014)은 주먹구구식으로 자원봉사활동을 해서는 안 되는 이유를 다음과 같이 밝히고 있다.

첫째, 자원봉사는 목표를 지향하고 있기 때문이다. 단순히 선행을 베풀거나 자선을 행하는 것과 달리 자원봉사는 일정한 목표를 향한 체계적 노력이고 전문적인 과정이다. 자원봉사는 시민의 삶을 풍요롭게 한다는 목표를 가지고 있으며, 이러한 목표를 효과적으로 달성하기 위해서는 철저한 과학적 관리와 피드백이 필요하다.

다원화되는 현대사회에서 일반인의 상식 수준으로 진행할 경우 목표 달성에 어려움이 예상되는 자원봉사가 점차 증가하고 있다. 그러므로 오늘날 자원봉사는 목표를 향한 적절한 수단, 수단의 관리, 적정한 기술의 적용을 더욱 강조한다.

둘째, 자원봉사의 자의성 문제 때문이다. 자원봉사는 철저한 준비와 공부가 병행되어야 하는 작업이다. 자칫 선의의 활동이 대상자에게 피해를 주거나 부작용을 초래할 수도 있다.

어쩌다가 한 번 자원봉사에 참여한 자원봉사자가 보육원에서 장

시간 영아를 안고 있으면 그가 돌아간 후 '손을 탄' 영아의 정서가 불안해지는 경우가 종종 있다. 특히, 자원봉사자가 가지고 있는 특정 가치가 종사 과정에서 과도하게 작동할 경우 예상하지 못한 부작용이 발생하거나 불필요한 갈등을 야기하기도 한다.

셋째, 자원봉사는 조직 활동이기 때문이다. 현대사회에서 행해지는 대부분의 자원봉사는 단독으로 이루어지는 개인 활동이 아니다. 집단이나 조직 차원에서 진행된다. 많은 경우 집단의 형태로 봉사 현장에 투입되기도 한다. 따라서 자원봉사활동이 원활하게 이루어지기 위해서는 동료 자원봉사자와 조직 관리자가 팀워크를 이루어 호흡을 맞추는 일은 매우 중요하다.

넷째, 자원봉사는 책임성 문제가 따르기 때문이다. 노숙인에게 동냥하고 가 버리는 자선과는 달리, 자원봉사는 자신이 한 활동의 결과에 대한 책임감을 가져야 한다. 자원봉사는 단순한 동정심의 표현이 아니다.

자원봉사자는 공익적 목표를 지향하는 자원봉사의 공공 성격을 수용해야 한다. 현대사회의 자원봉사는 공익적 목표를 달성하기 위한 공식적인 절차와 원리하에서 진행되기 때문이다. 자원봉사자가 봉사에 참여하는 순간 공적 목표 달성에 대한 책임을 부분적으로 공유하게 된다. 또한 자원봉사는 모든 언행에 대하여 면책이 되는 활동이 아님을 유념해야 한다.

가끔 사람들은 자원봉사활동을 쉽게 생각하고 별다른 준비 없이 기관이나 시설을 찾아간다. 이런 경우 실질적으로 도움을 주지 못하고, 오히려 기관이나 봉사 대상자에게 폐를 끼칠 수 있다(양점도, 2010: 67). 실제 자원봉사 현장에서 자원봉사자는 자신의 능력을 벗어난 일을 맡아 힘들어하기도 하고, 자신의 관심과 동떨어진 일을 맡게 되면 의욕을 잃기도 한다. 또한 도움을 필요로 하는 수요자의 욕구와 상충되어 갈등을 겪기도 한다. 그러므로 준비 없는 자원봉사는 무책임할 뿐 아니라 위험을 초래할 수 있다.

자원봉사를 처음 시작하기 전에 예비 자원봉사자는 먼저 자원봉사의 전문적이고 과학적인 성격을 이해하고, 충분한 소양을 갖춘 다음에 봉사활동에 임해야 한다. 사전에 빈틈없이 준비해야만 성공적인 자원봉사가 될 수 있다(진재문, 2014).

2) 자원봉사의 활동 단계

1998년 한국사회복지협의회에서 제시한 자원봉사의 절차는 '이해-선택-준비-활동-평가'([그림5-1] 참조)로 진행되며, 일반적으로 자원봉사의 활동 단계는 준비, 실행, 종결의 세 단계로 나눌 수 있다(권중돈, 조학래, 김기수, 2008). 이 3단계의 절차를 살펴보면 다음과 같다.

(1) 준비 단계 – 자원봉사의 이해, 장소와 역할 선택

자원봉사에 대한 이해를 도모하고, 자원봉사활동 장소와 활동 거리를 선택하며, 자원봉사에 필요한 준비를 수행하는 단계이다. 자원봉사에 참여하기 전에 가장 우선해야 할 일은 자원봉사에 대한 이해를 높이는 것이다. 사회에 대한 봉사가 어떤 가치와 의미가 있는지, 자원봉사자의 역할과 자세는 무엇인지, 활동은 어떤 방법과 절차를 통하여 이루어져야 바람직한가 등을 알아야 한다. 자

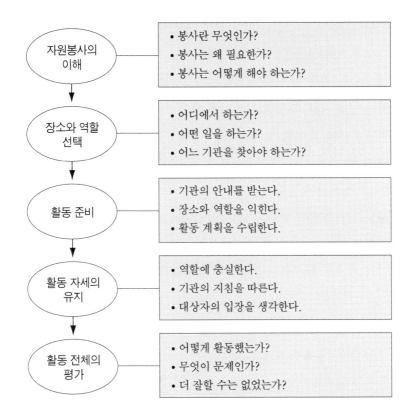

[그림 5-1] 자원봉사의 절차

출처: 한국사회복지협의회(1998): 진재문(2014) 재인용

원봉사자는 자원봉사에 대한 기본적인 사항을 충분히 숙지한 다음에, 자신의 관심 분야와 관련된 활동 거리를 선택하는 것이 중요하다. 관심 분야를 벗어난 활동은 봉사가 아니라 고역이 될 가능성이 높다.

(2) 실행 단계 – 활동 준비, 활동 자세의 유지

일단 자원봉사자의 역할이 정해지면, 기관의 안내로 자원봉사 대상자와 활동 장소를 배정받는다. 자원봉사자는 기관의 지침에 따라야 하지만, 나름대로 적절한 활동계획을 수립해야 한다. 실제 자원봉사에 참여한 후에는 봉사 종료 시까지 자원봉사자가 갖추어야 할 기본 자세를 지속적으로 견지하고 맡은 역할에 충실해야 한다. 특히 자원봉사자는 봉사 대상자와 서로 친밀한 관계를 유지하도록 노력해야 한다. 자원봉사란 한쪽이 일방적으로 베푸는 시혜적인 것이 아니라, 대상자의 마음에 귀를 기울이면서 봉사자 자신의 존재를 확인하는 호혜적인 상호작용임을 잊어서는 안 된다.

(3) 종결 단계 – 활동 전체의 평가

자원봉사활동은 대부분 공식적 · 조직적인 활동으로 진행된다. 따라서 자원봉사활동은 시작과 종결 단계가 계획되어 있는 체계적인 활동이다(이성록, 2013). 종결 단계는 전체 활동을 평가하는 단계인데, 일회성의 자원봉사와 지속적인 자원봉사로 구분한다. 일회성의 자원봉사는 종결 단계가 있지만, 지속적인 자원봉사는 종결 단계보다는 매회 활동의 종료가 있을 뿐이다(김동배 외, 2009).

자원봉사를 마칠 때 자원봉사자는 자신이 한 전체 활동을 돌이켜 생각해 보고 어떤 문제점들이 있었는지 꼼꼼하게 검토해야 한다. 될 수 있으면 전문가의 조언을 받는 것이 유익하며, 팀의 리더 및 동료들과 의견을 교환하는 것이 좋다. 특히 여러 사람이 함께 할 경우, 활동을 마친 후 팀 구성원들이 모두 참여하여 활동 내용을 평가하는 시간을 반드시 가져야 한다(이성록, 2013). 평가 시간을 통하여 바람직한 자원봉사와 참된 자원봉사의 길이 무엇인지 성찰할 수 있다.

예를 들어, 독거노인 말벗 봉사활동 프로젝트가 끝났다면 대상자인 노인의 소외감과 외로움을 얼마나 해소했는가, 무엇을 배우고 얻었는가 등의 성과를 이야기·보고서·사진 등으로 정리하고 기록해야 한다. 단순히 '노인들이 좋아하였다.' 보다는 '노인들의 대화 횟수가 시작할 때보다 50% 혹은 100% 늘었다.'라는 식으로 계량화하고 구체화해야 목표 달성 여부를 잘 알 수 있다. 이러한 피드백의 세밀하고 정교할수록 자원봉사는 단순한 이웃돕기를 넘어 우리가 사는 공동체의 사회문제를 해결하는 단계로 승화할 수 있다(유용식 외, 2016).

2. 자원봉사의 관리 과정

자원봉사활동 관리(volunteer management)란 자원봉사기관이 자원봉사활동을 희망하는 자원봉사자의 요구와 자원봉사활동의 원조를 받는 자원봉사 대상자의 욕구를 서로 연결시켜 효과적인 자원봉사활동이 이루어지도록 조정·관리하는 일련의 절차와 방법이다. 류기형 등(2010)은 자원봉사자에 대한 관리는 활동의 지속성과 서비스의 효과에 영향을 미치는 매우 중요한 변수라고 강조하였다. 이 때문에 자원봉사 관리 과정이 적절히 이루어지지 못한다면, 시간과 노력을 들여 확보해 놓은 자원봉사자를 효과적으로 활용할 수 없을 뿐만 아니라 자원봉사자의 기대도 충족시킬 수 없다

(류기형 외, 2010). 자원봉사자 입장에서는 사전에 합리적인 자원봉사 관리체계를 갖춘 조직이나 기관을 물색하는 것이 성공적인 자원봉사를 하는 데 유리하다.

자원봉사기관의 자원봉사관리는 일반적으로 다음과 같은 과정으로 이루어진다. 첫째는 사전 과정으로, 모집과 교육훈련이며, 둘째는 실행과정으로, 배치와 지도감독, 셋째는 사후과정으로, 평가와 인정 · 보상이다.

1) 모집

자원봉사자 모집 과정은 잠재적인 자원봉사자를 발굴하여 자원봉사에 실제로 참여하게 하는 일련의 활동 과정이다(김동배, 2009). 다시 말해서, 자원봉사자 모집은 자원봉사기관이 설계한 프로그램에 부합하는 자원봉사자를 찾아 자원봉사 대상자와 연결시키는 사전 관리활동이다. 맥컬리와 린치(McCurley & Lynch, 1996)는 자원봉사자 모집 방법을 다음의 네 가지 유형으로 구분한다(김동배 외, 2009; 류기형 외, 2010).

(1) 다수모집

자원봉사자의 자격 요건을 제한하지 않고 참여 가능한 다수의 사람을 모집할 때 유용한 방법이다. 지방자치단체에서 시행하는 문화예술축제와 같은 특정한 행사의 안내 같은 단기간의 단순한 일에 필요한 많은 자원봉사자를 찾고자 할 때 효과적이다.

(2) 표적모집

자원봉사 업무에 필요한 기술, 시간, 능력 등을 구체적으로 제한하여 그에 해당되는 자원봉사자를 찾아내는 방법이다(김동배 외, 2009). 표적모집은 이미용이나 제과제빵 등 특별한 기술을 가진 자원봉사자를 모집할 때 좋으며, 어떤 심리적인 특성을 가진 자원봉사자를 모집할 때 적합하다(류기형 외, 2010).

(3) 동심원 모집

동심원 이론에 근거하는 방법으로, 연못에 돌을 하나 던졌을 때 그 돌이 던져진 곳을 중심으로 물결이 멀리 퍼져나가는 것처럼, 기관과 관련을 맺고 있는 사람들을 중심으로 점차 자원봉사자를 확산해 나가는 방법이다(류기형 외, 2010).

(4) 연계성 모집

집단 결속력이 강하고 상호 연계성이 밀접한 사람이나 집단으로 이루어진 닫힌 체계로부터의 모집 방법이다. 학교, 회사, 전문직, 종교단체 등과 같은 닫힌 체계에 효과적으로 적용할 수 있다(김동배 외, 2009).

2) 교육훈련

면접과 선발 과정을 통해 모집된 자원봉사자를 대상으로 자원봉사 업무 수행에 필요한 지식과 자원봉사자의 자세나 태도를 습득시키는 과정이 교육훈련이다(한국복지연구회, 1997). 자원봉사관리

[그림 5-2] 부산광역시 자원봉사센터의 자원봉사자 모집 안내 포스터

에 있어서 교육훈련 과정은 잠재적 자원봉사자를 발굴하는 모집과
정에 못지않게 중요하다. 교육훈련 과정을 통해 자원봉사자는 봉사
동기를 강화하고, 자신의 업무를 성공적으로 수행하는 데 필요한
기술과 지식을 습득할 뿐만 아니라, 자기 발전과 인격 성장의 기회
를 가지게 된다. 또한 자원봉사자가 지속적으로 자원봉사에 참여하
도록 하는 토대가 되기 때문에 소홀히 할 수 없다(김동배 외, 2009).

(1) 봉사활동 전 교육훈련(오리엔테이션 · 연수훈련)

오리엔테이션은 자원봉사자가 활동하게 될 해당 기관과의 명확한 관계를 수립하는 준비 과정으로서 기관과 자원봉사자 간의 유대관계를 형성하는 중요한 역할을 수행한다(김동배 외, 2009). 오리엔테이션 후에는 사전훈련을 받는데, 이것은 자원봉사자가 활동을 행하기 전에 활동에 필요한 지식 및 기술을 습득하도록 고안된 연수훈련이다(류기형 외, 2010).

(2) 봉사활동 중 교육훈련(초기 훈련 · 현직 훈련)

초기 훈련은 자원봉사자가 업무 전 교육훈련을 받았다고 하더라도 자원봉사에 참여할 때는 여전히 미숙한 상태이기 때문에 이를 보완하기 위해 실시하는 교육훈련이다. 현재 활동 중인 자원봉사자를 대상으로 하는 현직 훈련은 역할수행 능력을 향상시키거나 필요한 기술 습득을 위해 실시하는 교육이므로 재교육이라고도 한다(김동배 외, 2009).

3) 배치

적합한 자원봉사자를 모집하고 선발하여 일정한 교육훈련 절차를 거친 후에는 적재적소에 배치해야 한다. 자원봉사자를 적재적소에 배치하기 위해서는 자원봉사자의 개인적 특성, 참여 동기, 관심사, 기술과 재능, 원하는 봉사 분야 등에 대한 정보가 필요하다. 자원봉사자의 개인정보를 수집한 후 자료를 검토하여 알맞은 프로그램에 배치하기 위한 상담을 실시한다(김동배 외, 2009). 배치 상담은 자원봉사를 지원한 개인의 목표와 자원봉사활동 조정자의 조직 목표를 일치시키는 과정이다(현외성, 2004).

4) 지도감독

지도감독은 자원봉사기관에서 경험이 풍부한 자원봉사 관리자가 지도감독자로서 경험이 부족하고 덜 숙련된 자원봉사자에게 행정적 지지적 기능을 수행한다. 뿐만 아니라 지식과 기술을 전수함으로써 효율적이고 효과적으로 자원봉사를 하도록 도와준다(조휘일, 2002). 자원봉사자를 적재적소에 배치한 후에는 전문적인 지도감독을 통해 자원봉사의 목적을 달성하도록 도움을 제공해야한다.

5) 평가

평가는 자원봉사 업무에 대한 자원봉사자, 봉사 대상자, 자원봉사 관리자 사이의 공식적인 의사소통 통로이면서 자원봉사의 효과성과 효율성을 판단할 수 있는 방법이다. 평가는 자원봉사자의 활동과 자원봉사 프로그램의 성공과 지속 여부를 동시에 판단할 수 있는 근거가 되기 때문에 매우 중요하다. 평가는 자원봉사자가 봉사 대상자에게 얼마나 효과적으로 서비스를 제공하고 있는지, 자원봉사 과정에서 어떤 어려움을 경험하고 있는지, 봉사 대상자는 자원봉사자의 활동을 어떻게 인식하는지 등을 주기적으로 파악한다. 이로써 자원봉사활동을 개선하고 미래에 발생할 수 있는 문제

를 예방할 뿐만 아니라 봉사활동이 가지는 중요성을 재인식하게
되어 참여의식을 더욱 고취할 수 있다(김동배 외, 2009).

6) 인정 · 보상

김동배 등(2009)에 따르면, 자원봉사 프로그램을 운영할 때, 가
장 중요한 과제는 자원봉사자가 보람을 느끼면서 자원봉사에 지
속적으로 참여하게 하는 것이다. 이를 위해 인정과 보상을 활용한
다(김동배 외, 2009). 자원봉사의 인정과 보상이란 자원봉사의 가
치를 인식하고 받아들이고 자원봉사의 공헌에 대해 감사를 표시
하는 유형 · 무형의 방법을 말한다. 그러므로 자원봉사의 인정과
보상은 자원봉사자에게 자신의 경험에 대해 만족감을 느끼게 하
는 동시에 자원봉사에 계속 참여하게 하는 동기부여나 인센티브
로서 작용한다.

3. 자원봉사 참여의 준비 및 방법

1) 참여 준비

자원봉사는 자기만족을 위해, 전문 경험을 쌓기 위해, 아니면 단
순한 박애심의 발로 때문에 등등 여러 가지 동기가 있다. 하지만
무엇보다 중요한 동기는 나의 손길을 필요로 하는 공공의 문제, 즉
해결해야 할 사회문제가 있기 때문이다. 우리는 집 앞마당을 쓰는

행위는 자원봉사라 하지 않으며, 바닷길이나 마을길을 청소할 때 자원봉사라 한다. 사회공동체의 문제이기 때문이다. 자원봉사자는 공동체의 문제에 민감해야 한다. 나의 시간과 능력을 필요로 하는 사회문제가 무엇인가, 나는 왜 자원봉사를 하는가를 먼저 생각해야 한다(유용식 외, 2016).

거듭 강조하지만, 자원봉사는 기본적으로 절차와 과정이 중요한 활동임을 항상 염두에 두어야 한다. 일방적이고 충동적인 활동은 역효과를 가져오므로 사전에 주도면밀하게 계획을 세워야 한다. 자원봉사 현장에는 과정을 무시하는 사려 깊지 못한 일들이 자주 일어난다. 과정과 절차를 무시한 일방적이고 산발적인 활동은 상처만 남길 뿐이다. 따라서 자원봉사는 즉흥적이거나 충동적으로 할 것이 아니라 사전에 자원봉사기관과 상호 간에 입장을 충분히 조정하는 과정을 거쳐야 한다(이성록, 2013).

2) 다양한 참여 방법

자원봉사활동 현장의 실정에 대한 정보가 충분하지 않으면, 충동적으로 선택하게 되고 적절한 계획도 세울 수 없으므로 빗나간 행동을 하기 쉽다. 따라서 인터넷 검색을 통하여 자원봉사에 대한 정보를 얻고 나서, 자원봉사기관에 전화를 하거나 방문을 하여 구체적인 활동 방법을 협의하는 과정이 필요하다.

우리나라의 자원봉사기관은 대체로 세 가지로 나눌 수 있다. 첫째, 자원봉사의 수요와 공급을 연계하는 자원봉사 연계기관(예: 기초자치단체에 있는 자원봉사센터나 관련 협회), 둘째, 자원봉사자를 배치하고 활용하는 자원봉사 수요기관(예: 보육원, 양로원, 마을 만들기 사업단 등), 셋째, 자원봉사자를 모집하고 교육하고 활용하는 자원봉사 공급기관(예: 종합사회복지관)이다. 관 주도로 운영되는 자원봉사센터는 특성상 업무가 경직되는 경향이 있다. 또한 자원봉사를 연계하는 자원봉사센터는 산하에 있는 각종 봉사단 운영과 실적 보고 등 업무 과다로 인해 제대로 그 역할을 수행하기 힘들 때가 많다. 이에 비해 민간복지기관은 업무의 유연성은 높으나 대체로 재정이 열악하여 자원봉사자에게 충분한 보상이나 혜택을 줄 수가 없다.

근래 들어 다양화되고 있는 자원봉사 욕구에 적절하게 대응하려고 서비스를 제공하는 모든 자원봉사 주체(자원봉사 연계기관, 자원봉사 수요기관, 자원봉사 공급기관)는 유기적으로 연계되어 있고, 연결망이 구축되어 있다. 현재 우리나라는 전국의 자원봉사기관을 하나의 망(network)으로 연결한 자원봉사정보망이 구축되어 있다. 자원봉사정보망은 자원봉사 관련 자료와 정보를 데이터베이스로 구축하여 자원봉사 관리 업무를 전산화한 것으로서, 자원봉사자의 모집 · 배치 · 교육 · 관리를 위한 전달 체계이다(류기형 외, 2010).

자원봉사자는 될 수 있는 대로 자원봉사기관에 등록하는 것이 좋다. 사회적 차원에서 자원봉사를 합리적으로 관리할 수 있기 때문이다. 또한 개인 차원에서는 자원봉사 시간을 저축할 수 있고, 자원봉사 참여의 인증에 대한 공신력을 얻는 등 여러 가지로 유리한 측면이 있다(진재문, 2005).

3) 자원봉사 참여 정보

일반적으로 효과적인 자원봉사활동을 하기 위해서는 다음의 사항에 유의해야 한다. 첫째, 자신이 가진 관심 분야를 잘 알아야 한다. 자신의 관심과 동떨어진 분야에서 활동을 하게 되면 자발성이 생기지 않기 때문이다. 자원봉사자는 지역사회가 당면한 여러 가지 현안에 대한 문제의식을 갖는 것이 역시 중요하다. 내가 살고 있는 공동체의 문제를 찾아내고 자신의 힘으로 그 문제를 해결할 수 있는가를 먼저 가늠해 보아야 한다.

둘째, 무엇보다 중요한 것은 현장에 나서기 전에 봉사할 대상에 대한 이해가 우선되어야 한다는 점이다. 이때 대상자의 신체적 · 정신적인 상황도 중요하지만, 그를 둘러싼 환경 조건을 파악하는 것은 물론, 개인과 환경의 관계 역시 상세히 이해하는 것이 좋다. 대상자가 처한 상황을 사전에 충분히 이해하고 배려하지 않으면 봉사활동 과정에서 예기치 않은 어려움에 직면하거나 자원봉사의 목표 달성을 어렵게 할 수 있다.

셋째, 자원봉사를 지원 · 관리하는 조직에 대한 정보를 미리 알아보는 것이 중요하다. 이미 언급한 것처럼, 현재의 자원봉사활동은 조직적으로 전개해야 효율적이다. 개인적으로 자원봉사활동을 하는 경우도 있지만, 대부분의 자원봉사는 혼자서 감당하기 힘든 활동이 많다. 따라서 자원봉사봉사 모임을 조직하거나 단체에 가입하는 등의 활동과 지역사회의 여러 자원(관공서, 시민단체, 종교시설, 언론사, 기업)과의 교류와 연계가 무엇보다도 중요하다.

현재 우리나라는 한국청소년자원봉사센터를 비롯하여 16개

시·도의 청소년자원봉사센터가 있고, 그 밖에 각 정부 차원의 자
원봉사센터와 민간에서 운영하는 자원봉사단체가 있다(〈표 5-1〉
참조).

〈표 5-1〉 자원봉사 참여 정보

자원봉사센터	홈페이지	연락처
한국자원봉사협의회 (100여개의 센터 및 단체 연합체)	https://www.vkorea.or.kr	02-737-6922
한국자원봉사센터협회 (전국 246개 센터 엽합체)	https://www.kfvc.or.kr	02-715-8008
한국사회복지협의회 복지넷(자원봉사정보망 포함)	https://www.bokji.net	02-2077-3909
한국기독교연합봉사단	http://www.wneighbors.com	02-936-8295
대한적십자	http://www.redcross.or.kr	02-3705-3705
초록우산 어린이재단 나눔활동	http://www.bongsa.or.kr	1588-1940
한국해비타트 (사랑의 집짓기 운동연합회)	http://www.habitat.or.kr	1544-3396
한국자원봉사문화	http://www.volunteer21.org	02-415-6575
서울시자원봉사센터 공식블로그	http://svcblog.seoul.kr	
서울시자원봉사센터	http://volunteer.seoul.go.kr	02-1670-1365
부산시자원봉사센터	https://vt.busan.go.kr	051-864-1365
한국지역사회정신건강자원봉사 단(CMHV)	https://ko-kr.facebook.com/ CMHV.D/	010-8813- 4657

4) 자원봉사 체험 사례

자원봉사활동은 자선과 달리 상호 '호혜성의 원리'에 따른 인간 관계 양식이다. 자선은 '위에서 아래로' 베푸는 시혜로서 수직적 관계인 반면, 자원봉사는 '서로 함께 나누는' 호혜성의 원리로 작동하는 수평적 관계이다(이성록, 2013). 자원봉사자는 물론이고 봉사 대상자 및 대상 기관이 상호 신뢰 속에서 서로에게 발전이 되는 방향으로 교류를 지속하는 것도 바람직하다. 물론, 관리자와 봉사자의 관계가 지속될 수도 있지만, 동등한 위치에서 새로운 관계 맺음도 가능하다.

또한, 아름답고 말끔한 자원봉사의 마무리는 향후 자원봉사를 지속할 수 있는 계기를 제공하며, 개인 차원에서 자원봉사 경험을 통해 인격적 · 사회적으로 성장할 수 있는 성찰의 기회를 제공한다. 다음의 글 두 편은 2016년 K대학교 학생들이 인근의 한 노인복지관과 감천마을문화축제에서 자원봉사활동을 마치고 나서 쓴 소감이다. 이 체험 사례를 통해 도움을 매개로 그들의 인간관계 양식이 어떻게 변화하며, 가치 있는 사회상을 어떤 방식으로 재정립하게 되는지 알 수 있다.

〈사회복지학과 A학생〉

마인드 서포터즈 '위드'라는 봉사활동을 하기 전에는 아동복지에만 관심이 있었다. 그래서 봉사활동을 할 때 멘토링이나, 방과

후 활동 프로그램 같은 봉사활동을 했었다. 그런데 이 마인드 서포터즈 '위드' 봉사활동을 하면서, 노인복지에도 관심을 가지게 되는 계기가 되었다.

처음에는 우울증, 자살 고위험군의 독거노인이라는 타이틀 때문에 어르신들의 상황이 많이 좋지 않고 겉보기에도 힘들어 보이는 그런 모습을 하고 계실 것 같다는 생각을 가지고 첫 만남을 가졌다. 하지만 나의 예상과는 완전히 다르게 어르신들의 모습은 지극히 평범했다. 이야기를 하다 보면 어르신들이 우울감을 느끼고 있다는 것을 느낄 수 있었지만, 우리 주변에서 보이는 할아버지, 할머니와 다를 것이 없었다.

이번 봉사활동은 우리가 어르신들에게 도움을 드리기 위한 것이었지만, 우리가 더 많은 것들을 얻고 느낄 수 있는 계기가 되었다. 어르신들의 인생이야기도 들으면서 인생의 조언도 들을 수 있었다. 또한 나의 가족에게도 많은 관심을 기울여야겠다는 생각도 하게 되었다. 이 프로그램을 하고 난 후에는 꼭 친할머니, 친할아버지께 연락을 드리고, 함께 살고 있는 외할머니에게도 더 다가가서 많은 이야기를 나누는 것 같다.

어르신들을 이야기를 하면서 가장 충격을 받은 말이 있었다. "사람들이 독거, 독거노인이라는 말을 하는데, 내가 느끼기에 이러한 것이 독거구나, 내가 독거노인이구나."라는 것을 느낄 때 가장 우울하다고 하셨다. 우리가 흔히 쓰는 독거노인이라는 말이 할아버지, 할머니의 가슴에 무언가 좋지 않은 느낌을 준다고 생각하니 마음이 많이 아팠다. 처음 이 프로그램을 하기 전에는 어르신들이 얼마나 외로운지 짐작할 수 없었다. 자살, 우울증 고위험군이라는 말에 많이 편찮으신 어르신이라는 생각만 했었다. 하지만 프로그램을 하면서 어르신들과 대화를 나누고 이러한 말을 들으면서 할아버지, 할머니들은 편찮으시다기보다는 단지 외로움을 많이 느껴서 말벗이 필요하셨던 것이다.

활동을 마치면서 인사를 드리고 나올 때, 할아버지, 할머니께서 다음 달 우리가 오는 날을 기다린다고 말씀하셨다. 이 말을 들었을 때, 더 찾아뵙지 못하는 죄송한 마음이 들면서도 우리가 조금이나마 어르신들께 도움이 된다고 생각하니 뿌듯함이 생겼다.

마인드 서포터즈 '위드'의 활동은 독거노인분들에게 많은 도움이 되지만, 문제점 역시 있었다. 첫 번째 문제점은, 한 번 활동을 할 때 세 집을 방문해야 하기 때문에 시간에 쫓기는 경우가 많았다. 시간에 쫓기다보니 어르신들과 대화하는 시간이 너무 짧아지고 어르신들이 하고 싶은 말씀을 다 하지 못하고 다음번으로 미뤄야 하는 아쉬움이 있었다. 두 번째 문제점으로는 한 달에 한 번 방문하여 어르신을 뵙기 때문에 그 사이 기간이 너무 길어서 어르신들과 친해지는 데 한계가 있었다. 이를 위해 어르신들이 하고 싶은 이야기를 충분히 하실 수 있도록 시간을 넉넉히 잡고 여러 번 방문하여 불편함이 조금 있더라도 한 분 한 분 어르신의 이야기를 충분히 들어 드리면 좋을 것 같다. 또한 한 달에 한 번 방문하는 것 보다 2주에 한 번 방문하여 어르신과의 만남을 자주 하면 좀 더 빨리 친밀감을 쌓을 수 있을 것 같다.

〈국어국문학과 B학생〉

본격적으로 봉사활동을 시작하기 전이었던 5월, 친구와 함께 감천문화마을 골목축제 스태프로 참여하게 되었다. 축제행사 중 하나였던 '골목나라 퍼레이드'에 필요한 물품들을 직접 만들고 음악에 맞춰 행진하던 즐거운 시간이었다. 이 활동이 계기가 되어 감천문화마을에서 지금까지도 '캠프지기'로 봉사활동을 하고 있다.

활동 소개에 앞서 감천문화마을은 1950년대 한국 전쟁 피난민의 힘겨운 삶의 터전으로 시작된 곳이다. 산자락을 따라 질서정연하게 늘어선 계단식 집단 주거형태와 모든 길이 통하는 미로 골목 길의 경관은 감천만의 독특함을 엿볼 수 있다. 이는 4,000여 명의 태극도 신도들이 반달고개 주변에 모여 집단촌을 이루었는데, 각 집의 해를 가리면 안 된다는 신념을 가지고 있어 집을 층층이 올라가는 형식으로 만들어 지금의 모습을 띠게 되었다고 한다. 2015년 이후에는 140만 여 명이 방문한 부산의 관광명소로 손꼽히고 있다.

나는 매주 금요일 오전 9시 30분에서 오후 12시 30분까지 캠프지기로 활동하고 있다. 캠프지기의 주된 활동은 지도 판매와 길 안내, 그리고 자원봉사활동 홍보이다. 대부분의 관광객 분들이 길을 물어보기 위해 부스에 방문하시는데, 한국 관광객보다 외국 관광객이 훨씬 많기 때문에 외국어를 구사해야 하는 어려운 점이 있다. 하지만 영어 공부를 더 열심히 해야겠다는 계기가 되기도 했고, 각국의 다양한 사람들을 만날 수 있다는 점에서 새로운 경험이 쌓이고 있다.

감천문화마을은 사람 한 명이 겨우 지나갈 만한 좁은 골목이 미로처럼 얽혀있는 탓에 골목을 차례로 돌아보는 것은 쉽지 않아 '집 프로젝트 투어'라고 하는 스탬프 투어 지도가 마련되어 있다. 이 지도를 사면 조금 더 편리하게 관광을 할 수 있으며 마을 8곳에서 스탬프를 찍으면 무료로 엽서를 받을 수 있다. 단체 관광객의 경우 지도 판매가 의무화되어 있는데, 이로 인해 불만을 가지는 관광객 분들이 종종 계시기도 하다. 하지만 지도 판매 수익금은 문화마을 주민 분들이 조금 더 편리한 생활을 할 수 있도록 보탬(어르신들을 위한 무료 빨래방, 주민 분들만을 위한 무료 버스 운영 등)이 되고 있기 때문에 많은 분들이 좋은 마음으로 지도를 구매해 주셨으면 하는 바람이다. 처음 봉사를 시작할 때에는 잘 몰랐었지만, 좋은 곳에 쓰이고 있다는 것을 알고부터는 지도를 더 많은 분들이 사셨으면 좋겠다는 생각도 들었고, 많이 팔렸던 날에는 뿌듯함을 느끼기도 했다.

다음으로 감천문화마을에서 추천할 만한 활동 및 장소를 소개하려 한다. 가장 특별하다고 생각하는 활동은 1년 뒤에 편지를 받아볼 수 있는 '느린 우체통'이다. 가끔 관광객들이 쓴 엽서에 우편을 붙이는 일을 하곤 하는데, 나 자신에게 쓰는 편지, 연인에게 1년 후를 기약하며 쓴 편지, 또 여러 나라의 언어로 쓰인 편지 등 다양한 편지들이 있다. 그 외 '아수라 발발타'라고 하는 커피 위에 욕을 써 주는 색다른 카페, 문화마을의 필수 코스인 어린왕자 동상에서 사진 찍기, 그리고 지역 예술인들이 가득 채운 곳곳의 벽화들은 또 다른 볼거리를 선사한다.

나는 이 과제를 하는 동안 봉사를 하면서 느꼈던 아쉬운 점(혹은 개선점)에 대해 생각해 보는 시간을 가지게 되었다. 이번 여름이 정말 더웠는데 밖에서 길거리를 청소하시는 분들께서 마땅히 쉴 곳도 없이 땀을 흘리며 일을 하셨다. 시원한 물을 드리기도 하고 내가 활동하고 있는 부스에서 쉬다 가시라고도 말씀 드렸지만 그것만으로는 턱 없이 부족하다는 생각이 든다. 내년 여름이 돌아오기 전에 그 분들만을 위한 거처를 설치해 주었으면 좋겠다. 또한 관광객들에게 있어 문화마을은 하루 관광 코스로 충분히 좋지만 역으로 마을 주민 분들은 잦은 소음과 지나다니며 곳곳에서 사진을 찍는 사람들 때문에 불편을 느끼고 있다. 뿐만 아니라 사람들이 좁은 골목 계단으로 지나다니다 보니 쓰레기를 함부로 버리는 일도 잦았다. 심지어 지나가는 할머니께서 자신의 집 앞에 아무렇지 않게 쓰레기를 버리고 가는 사람들 이야기를 하는 것도 들은 적도 있었으니 말이다. 감천문화마을은 우리 모두가 보존해야 할 관광지이기 전에 오랜 시간 주민 분들이 살아온 터이다. 앞으로도 더욱 발전될 관광명소이니 만큼 주민 분들을 위해 관광객들이 주의를 해 주었으면 좋겠다는 생각이 들었다.

벌써 감천문화마을에서 봉사를 시작하게 된 지 꽤 오랜 시간이

흘렀다. 주민 분들도 꽤 많이 알게 되어서인지 우리 집 같은 편안
함을 느끼기도 하고, 꾸준히 가는 만큼 내가 하고 있는 일에 대해
서 책임감도 생겼다. 앞으로 '캠프지기'라는 봉사를 많은 분들이
참여해 주었으면 하고, 이와 관련된 다양한 프로그램 개설이 활성
화되어 다방면에서 활동할 수 있는 날이 왔으면 한다.

지난 자원봉사론 수업에서 한 발표자 분이 'vms, 1365' 홈페이지
를 통해 (일회성의) 봉사를 좋지 못하다고 말씀하셨던 적이 있다.
그 말이 틀리다고 할 수는 없지만, 아직까지 우리나라에서 자신
이 하고 싶은 봉사가 있다고 해서 꾸준히 그 봉사를 할 수 있는 길
은 열려 있지 않은 것 같다. 그런 점에 있어 국가 차원에서도 노력
해야 할 부분이 많은 것 같고, 책임감을 가지고 자발적으로 봉사할
수 있는 분들이 늘어났으면 좋겠다.

 생각해 볼 문제

1. 빈번히 일어나고 있는 자원봉사자의 자원봉사 대상자에 대한 몰이해에
   기인한 부작용과 폐단을 개선할 수 있는 방안을 생각해 보자.

2. 환경정화활동이 진정한 의미의 봉사활동이 될 수 있는가?

3. 시급한 도움이 필요한 복지 현장에서 과학적 절차와 책임성을 갖춰야
   하는 이유를 생각해 보자.

제6장
자원봉사의 동기와 가치

1. 자원봉사의 동기

동기란 어떤 일이나 행동을 일으키게 하거나 마음을 먹게 하는 원인 및 계기를 뜻한다. 인간의 모든 행동이 그렇듯이 자원봉사를 하는 동기 역시 매우 다양하다. 인류역사의 기록에 따르면, 자원봉사는 종교적 윤리에 근거한 이타적 동기에서 시작되었다고 전해진다.

BC 6세기경 인도의 석가모니에 의해 성립된 불교는 자비(慈悲)의 종교로서 자(慈)는 사랑의 마음으로 중생에게 즐거움을 주는 것을 말하고, 비(悲)는 불쌍히 여기는 마음으로 중생의 괴로움을 없애주는 것을 의미한다. 또한 대승불교의 자리이타(自利利他)는 자신의 이익(수행)뿐만 아니라 타인의 이익(중생구제)을 위한 실천을 강조한다.

이 땅에 온 이유가 인간을 섬기기 위해서라고 말한(마태복음 20장 28절) 예수의 가르침을 따르는 기독교는 교회 및 수도원에서 고아,

미망인, 가난한 사람 등의 사회적 약자에 대한 배려와 보호를 하였다. 또한 신자들은 이웃사랑을 종교적 신념으로 여기며 실천하였다. 이슬람교도 자기 수입의 일정 비율을 가난한 사람들에게 기부하도록 하는 등 종교적인 신념이 타인을 위한 자원봉사를 하도록 촉진하였다.

그러나 최근에는 자원봉사의 참여 동기가 과거의 종교적 동기에 근거한 이타적 측면으로부터 점차 여가 선용, 자기 계발, 학생들의 점수 따기, 취업을 위한 스펙 쌓기, 친목 도모 및 사교 등의 이기적인 경험 추구로 변화되어 가고 있다. 이처럼 자원봉사의 동기를 크게 이타주의적 동기와 이기주의적 동기로 구분할 수도 있다. 그러나 패닝턴(Fairnington, 2011)이 21세기를 '이기적 이타주의(selfish altruism)시대'[1]로 규정하였듯이, 자원봉사의 동기를 굳이 이기적 또는 이타적 동기로 구분하기보다는 자원봉사자의 이기적 욕망을 사회적으로 요구되는 행위들로 잘 연결시켜서 자원봉사자와 사회 모두 이익이 되는, 효율적인 사회적 시스템을 갖추는 것이 더욱 중요하다고 하겠다.

일반적으로 알려진 자원봉사활동의 동기를 구성하는 철학적 · 이념적 요인들을 살펴보면 다음과 같다.

1) 종교적 신념

동양의 경우는 불교의 자비(慈悲)사상에서, 서구의 경우는 기독

---

[1] 자원봉사활동의 결과로서 타인이나 사회에 이익을 가져다주지만 그 행동의 동기는 개인의 이기심에서 비롯된다는 의미이다.

교의 자선(慈善)사상에서 자원봉사활동이 유래하였다고 볼 수 있다. 특히 가난한 자, 고통받는 자, 고아, 과부 등 사회적 약자들에 대해 자선을 베푸는 것을 신앙생활의 실천으로 여기는 기독교의 영향권에 있는 지역에서는 자선행위가 보편적으로 행해졌다. 이처럼 종교적 배경을 가진 자선행위는 기독교뿐만 아니라 불교, 이슬람교 등 여타 종교에서도 신앙생활 및 포교의 수단으로 이용되고 있으며, 최근에는 대부분의 종교기관에서 자원봉사활동을 종교 활동의 일환으로 행하고 있다. 길거리에서 죽어 가는 가난한 사람을 위해 인도에서 사랑의 선교회를 설립하여 평생 동안 빈자(貧者)를 사랑으로 보살핀 테레사 수녀와 그녀를 도운 자원봉사자들을 생각하면 종교적 신념이 어떻게 숭고한 자원봉사로 승화되는지를 잘 이해할 수 있다.

2) 박애정신

박애정신(philanthropy) 혹은 박애사업이란 비종교적 동기, 즉 19세기에 개화된 인도주의(humanitarianism)적 도덕과 윤리에 기초하여 생활이 어려운 자들을 도와주는 민간인의 활동을 말한다. 박애는 인간이 가질 수 있는 가장 넓은 의미의 공통 감정으로서 인간이 겪고 있는 모든 현실에서의 차별, 즉 인종 · 종교 · 신분 · 풍습 · 이해관계 등의 차별을 초월하고 인간 존엄성을 기초로 하여 근심 · 불행 · 괴로움 등을 같이 나누려는 마음을 갖고 자원봉사활동을 하는 것을 말한다(김효정 외, 2011). 예를 들면, 국가나 민족, 인종, 종교 등을 초월하여 어려움을 겪는 사람이 있는 곳이면

세계 어느 곳이든 가서 도움을 내미는 국제의료구호단체인 '국경 없는 의사회'를 들 수 있다. 한국 전쟁 당시 부산 영도구 남항동에서 무료진료기관인 복음병원을 설립하는 등 의료 사각지대에 있던 수많은 영세민들에게 의료혜택을 준 우리나라의 슈바이처 장기려 박사의 삶 또한 좋은 사례가 될 것이다.

한국 전쟁 이후 전국의 피난민이 몰려든 부산 서구의 어느 병원. 극빈자 무료 진료와 가난한 환자들을 대상으로 파격적인 낮은 치료비를 받던 그 병원 덕에 겨우 목숨을 건진 어느 환자는 건강이 회복되어 갈수록 얼굴에 수심이 깊어져갔다. 그 이유를 묻는 의사에게 그 환자는 이렇게 대답한다. "치료비 낼 돈이 없어서…." 그 말을 들은 의사는 이렇게 말한다. "내가 밤에 병원 뒷문을 열어 둘 테니 몰래 도망가시오. 집에서 푹 쉬면서 이 약을 계속 복용하면 완치가 될 거요. 그리고 이거 얼마 안 되지만 차비라도 하시고…." 그 바보 의사가 바로 그 병원 원장 장기려 박사다.[2]

장기려 박사
(1911~1995)

출처: 딴지일보(2016. 4. 5.) 재인용

3) 상부상조

상호부조(mutual aid) 또는 상부상조는 도움이 제공되는 방식에 대한 통제가 도움을 받는 사람들 자신에 의해 좌우되는 도움의 형

---

[2] 딴지일보 기사의 일부이다(http://www.ddanzi.com/ddanziNews/87073030에서 사진과 기사를 재인용함). 장기려 박사의 생애에 대하여 알아보자. 인생을 살면서 좋은 교훈을 얻을 수 있을 것이다.

태이다(진재문 외, 2014). 자선과 박애가 도움을 주는 자와 받는 자의 구분을 명확히 하여 불평등 관계를 형성하는 데 비해, 상부상조는 서로 대등한 입장에서 도움을 주고 받는 것이다. 상호부조는 오래되고 보편적인 제도로서 중세 유럽에서의 동업조합(guild)이나 우리나라의 향약[3], 계, 두레[4] 등에서 그 예를 찾을 수 있다. 이러한 상호부조 정신은 '우리'라는 공동체 의식이나 연대의식을 바탕으로 하여 서로 돕는 행위와 정신을 의미하며 사회적 또는 공동체적 존재로서 자연스럽게 나타나는 인간의 행동양식이다.

일반적으로 상부상조나 상호부조의 관행들은 전통사회나 근대화 이전 시기에 활발했던 것으로 설명한다. 산업화 이전에 모내기철이면 우리 농촌에서 자주 볼 수 있었던 두레는 농업의 기계화가 정착한 요즈음에는 좀처럼 찾아보기 힘들다. 그러나 품앗이는 도시의 아파트 문화에서도 '아이 맡아 주기' 등의 형태로 살아 있으며, 경조사비 역시 상호부조의 전통적인 문화가 이어져 온 것으로 볼 수 있다. 이처럼 현대사회에서 상부상조의 정신이나 관습들이

---

3) 조선시대 향촌사회의 자치규약이다. 원칙적으로 양반들의 향촌자치와 이를 통한 하층민의 통제가 목적이었다. 그럼에도 불구하고, 향촌의 도덕적 질서의 확립, 미풍양속 진작은 물론이고 재난을 당했을 때 상부상조하기 위한 규약을 담고 있다(한국학중앙연구원의 한국민족문화대백과, http://terms.naver.com 검색). 지켜야 할 네 가지 덕목을 보면, 덕업상권(德業相勸, 좋은 일을 서로 권한다), 과실상규(過失相規, 나쁜 일은 서로 규제한다), 예속상교(禮俗相交, 서로 예절을 지킨다), 환난상휼(患難相恤, 어려운 일은 서로 돕는다)이 있다. 특히, 환난상휼이 상부상조의 핵심이라고 할 수 있는데, 수재·화재·도적을 맞은 경우, 질병에 걸려서 앓을 때, 상을 당하였을 때, 모함을 받아 억울하게 죄를 얻었을 때, 빈민이 생계가 막막할 때, 어른이 모두 죽고 남은 자녀가 외롭고 의지할 곳이 없을 때 등 일곱 가지 상황에서는 꼭 도와주라는 규약을 제시하고 있다.
4) 농민들이 농번기에 농사일을 공동으로 하기 위해 동네 혹은 부락 단위로 만든 조직을 의미한다. 모내기 두레, 김매기 두레, 길쌈 두레 등이 있다.

슬로시티 악양 향약(鄕約)

 따사로운 햇볕의 땅 우리 소다사 악양은 문화와 생명과 인정이 살아 숨
쉬는 고장이다. 자연에 대한 경외감과 사람 존중의 미덕을 우리 시대를
넘어 후손에게까지 유산으로 남겨, 사람을 치유하고 보배로운 땅이 되도
록 해야 할 것이다.

 이에 우리는 성장에서 성숙, 양에서 질, 속도에서 깊이와 품위를 존중
하는 느림의 삶을 지켜 아름다운 전통문화유산을 올곧게 보존하고 전승
시키고자 향약을 제정하여 모든 주민이 실천하기로 한다.

하나. 향토 음식을 먹고 적절한 운동과 여가활동을 통해 건강한 삶을 살
  아간다.
하나. 전통놀이와 미풍양속과 같은 우리 고유의 문화를 보존해 나간다.
하나. 자녀들에게 어른 공경, 이웃사랑의 예를 가르치며 어른들이 먼저
  본이 되는 삶을 살아간다.
하나. 쓰레기는 줄이고 재활용은 늘려 환경오염을 줄여나가고 자연경관
  을 잘 보전하여 건강하고 아름다운 고장이 되게 한다.
하나. 지역 문화의 복원과 함께 미래가치가 높은 농업 육성 등 지역경제
  의 활성화를 도모한다.
하나. 사회질서 준수와 안전의 생활화를 통해 서로 믿고 의지하는 사회를
  조성해 나간다.

 우리는 느림, 작음, 지속성을 생활의 가치로 삼아 국제슬로시티 회원
도시로서의 책임을 다하고 주민의 자긍심을 키워 나간다.

2017. 7. 1.

슬로시티악양주민협의회

[그림 6-1] 경남 하동군 악양면이 제정한 '슬로시티 악양 향약'의 일부

출처: 지성호(2017) 재인용

모두 없어졌다고 보기는 힘들다. 다만, 상부상조 정신이 사회경제적 환경의 변화로 인해 전통적인 것과는 다른 형식으로 시민의 삶 속에 자리 잡고 있다고 보아야 할 것이다. 경남 하동군 악양면에서 되살린 '슬로시티 악양 향약(鄕約)'은 전통적인 것이 현대 사회에 어떻게 재현되는지에 대한 모범을 잘 보여 준다.

4) 시민참여정신

고대 그리스 도시국가 시대의 민주주의 제도에 기반을 둔 시민참여는 봉사의 대상을 특정한 요보호자에게만 한정시키는 종교적 자선과는 달리 전체 시민을 자원봉사의 대상으로 삼는다. 자원봉사자는 시민참여를 통해 얻어지는 사회의 이익과 참여활동의 결과로 얻어지는 개인의 만족감을 직접 경험하면서 자신이 속해 있는 사회에 대한 책임감과 사명감을 갖게 되어 시민참여는 민주주의 생활방식을 터득할 수 있게 한다. 진정한 민주사회의 생존과 발전은 시민의식에 기반을 둔 자원봉사에 의해 이루어질 수 있다. 환경운동연합, 참여연대, 경제실천연합회 등 각 종 시민단체에서 활동하는 자원봉사자들이 이러한 동기에 의해 봉사활동을 하는 사례가 될 것이다.

이 외에도 사회조사를 통하여 살펴본 자원봉사자의 동기는 다양한 양상을 보여 준다. 한국사회복지협의회(1998)의 조사에서는 자원봉사의 동기가 인간에 대한 이해 및 새로운 경험을 위해(47%), 이타주의 및 봉사심에 의해(26%), 지식과 경험을 활용하고자(10%), 안정된 기관에의 소속감 및 원만한 인간관계를 위해(10%), 여가를 활용하기 위해(6%)의 순으로 나타났다. 한편, 표갑수(1993)의 조사에서는 불우한 이웃을 돕기 위해(38%), 친교 및 사교경험(19%), 사회발전에 도움이 되고자(19%), 개인 이득 및 자아 성장(8%), 여가 선용(8%), 개인 성취(7%), 주위의 권유(5%)의 순으로 나타났다. 김미숙(1998)의 연구에서는 불우이웃을 돕기 위해(51.1%)가 가장 많았고, 여가 선용 및 자기 발전(24.9%), 새로운 경험과 대인관계를 넓히기 위해(16.1%), 종교단체에서 수행하는 봉사활동의 일환으로(7.8%), 지식 및 기술을 활용하기 위해(4.8%), 학교/기업에서 권장하거나 점수제가 되어 있어서(2.2%) 등의 순으로 나타났다(현외성, 2011: 81 재인용).

이처럼 자원봉사참여의 동기는 개인이 추구하는 가치나 삶의 방식에 따라 매우 다양하기 때문에 자원봉사자를 조직하고 관리하는 기관은 자원봉사자의 동기를 정확하게 파악하여 그들의 욕구를 충족시킬 수 있도록 하고, 자원봉사활동 과정을 통하여 그들이 기쁨과 보람을 느끼면서 봉사활동을 지속적으로 헌신할 수 있도록 하는 프로그램 개발에 힘써야 할 것이다.

2. 자원봉사의 가치

자원봉사에서 가치는 봉사활동의 전과 후 모두에서 자원봉사자와 영향을 주고받는다. 우선, 환경, 복지, 인권 등 다양한 분야 중에서 어떤 분야에서 자원봉사를 하고, 어디에서 어떤 활동을 할 것인가를 결정하는 것은 자원봉사자 개인이 추구하는 가치에 따라 상당 부분 영향을 받게 된다. 반대로, 자원봉사를 하는 과정에서 자원봉사자가 가지고 있던 기존의 가치가 변화되거나 새로운 가치를 형성하고 내면화시킬 가능성도 있다. 이처럼 자원봉사는 가치에 의해 규정되기도 하고 가치를 변화시키거나 형성하기도 한다. 자원봉사활동을 통하여 봉사자 개인이나 사회가 추구하고 발전시킬 수 있는 개인적 · 사회적 가치는 다양한데, 일반적으로 다음과 같은 것들이 중요하게 강조되고 있다.

1) 개인적 가치

개인적 가치는 자원봉사자가 봉사활동을 통해 깨닫거나 신념화하는 가치 중에서 주로 자신과 타인, 즉 인간에 대한 철학적 인식, 봉사자 자신과 타인의 성숙과 발전, 개인으로서 사회적 관계 맺기, 행복한 삶의 형성과 관련된 것들이다. 사회적 가치가 집합적 차원의 공유 가치에 초점을 둔다면, 개인적 가치는 자원봉사자 개인의 입장에서 느끼고 형성되는 가치이다. 권순종 등(2008)은 자원봉사자가 봉사를 통해 형성하거나 실현할 수 있는 가치로 다음의 일곱 가지를 제시하였다.

첫째, 인간으로서 지니는 존재의 존엄성 및 가치와 의미를 일깨워 준다. 봉사활동을 통하여 자원봉사자는 자신과 이웃, 그리고 여타 생명체의 존엄성과 의미를 알게 된다. 나아가 인간은 혼자 존재하는 것이 아니라 공동체 안에서 이웃과 함께 더불어 살아가야 한다는 것을 깨달을 수 있게 된다.

둘째, 가진 것을 공유하는 보람을 알게 해 준다. 봉사자는 개인이 갖고 있는 지식과 기술을 필요로 하는 사람들에게 베풀고 나누어 줌으로써 자신은 보람과 가치를 느끼게 되고, 받는 사람은 보다 나은 생활을 영위할 수 있어 사회는 발전하게 된다. 뿐만 아니라 봉사자는 봉사활동을 통해 새로운 지식과 기술의 필요성을 느끼게 되므로 지식과 기술의 확장을 초래하여 사회는 더욱 발전한다.

셋째, 자원봉사자 스스로의 자존감과 정신건강에 도움이 된다. 우리 인간은 사회를 떠나서는 살아갈 수 없다. 사회는 각기 다른 사람들이 서로 의지하여 사랑을 베푸는 호혜적 관계를 유지하는 구조이다. 자원봉사자는 봉사를 통하여 자신이 다른 사람들에게 필요한 존재라는 것을 인식함으로써 스스로 보람을 느끼게 되어 자존감이 향상된다. 이런 활동이 일상적으로 이루어지게 되면, 항상 새로운 삶의 활력소로 작용하여 신체적 · 정신적 · 정서적 · 건강을 유지할 수 있다.

넷째, 자원봉사는 스스로 자율적 의지에 의해 활동하고 최선을 다함으로써 자신감과 성취감을 느끼게 한다. 자원봉사자는 자신이 가치 있는 존재라는 사실을 인지하면서 사회에서 바람직한 일을 수행한 뒤에 오는 성취감을 느끼게 되고 새로운 과업에 대한 자신감과 일에 대한 즐거움을 갖게 된다.

다섯째, 인격적으로 성숙되고 발전된다. 자원봉사활동은 개인의 인격적 성숙과 자신만을 위한 생활이 아니라 함께 더불어 살며 서로 사랑하고 도와주는 생활이다. 인격적 삶이란 스스로를 귀하게 여기는 일이며, 이는 남을 귀하게 여기는 일에서 출발해야 한다. 즉, 타인의 아픔과 어려움을 나의 일처럼 여기면서 자신의 능력을 다해 함께 살아가고 행동하는 것에서 비롯된다. 이와 같은 인격적 행동은 자신의 성숙된 삶과 사회의 성숙화에 바탕이 되며, 인격을 갖추도록 하는 데 바람직한 활동의 하나가 곧 자원봉사활동이다.

여섯째, 인간관계를 원만하게 개선해 준다. 자원봉사는 인간적이고 건전한 가치를 추구하는 사람들과의 만남의 기회를 제공해 줄 뿐 아니라 자원봉사자와 대상자 간의 깊은 인간적 만남의 기회를 만들어 주어 더욱 성숙한 인간관계를 형성하게 한다. 자원봉사자가 가지는 개인적 직업과 직위, 성별, 재산, 연령 등을 초월하여 더욱 다양하고 폭넓은 인간관계를 만들어 준다.

일곱째, 안정되고 즐거운 일상생활을 할 수 있다. 자원봉사활동을 통하여 봉사자는 스스로 미래의 어떤 불완전한 생활 혹은 예기치 못한 사고의 유발에 대하여 준비함으로써 마음의 안정을 기할 수 있고, 봉사활동 자체가 가지는 여가활동 같은 요소가 있기 때문에 일상생활에서 오는 권태 · 단조로움 · 외로움을 잊고 낙관적이며 긍정적인 생활이 가능해진다.

2) 사회적 가치

자원봉사는 개인의 가치 실현에만 영향을 주는 것은 아니다. 제3장에서 논의한 것처럼, 시민의 자원봉사는 사회적 차원에서 가치 수호자로서 기능한다. 여기서는 류기형 등(2009)의 논의를 기초로, 시민의 자원봉사 활동에 의해 일반적으로 실현되는 여섯 가지의 가치를 소개한다.

첫째, 사회 연대성(사회통합)을 촉진한다. 개인은 자원봉사활동을 통해 지역사회의 주체라는 주인의식을 갖고 어려움에 처한 사람들을 서로 돕고 당면한 사회문제들을 함께 해결해 나간다. 이로써 우리 사회는 모든 사람이 행복할 때 가장 잘 돌아갈 것이며, 개인은 이러한 공동선의 기여에 같이 참여함으로써 사회통합에 이바지하게 된다.

둘째, 국가 행정에 대한 보충적 역할을 담당한다. 사회를 이끌어 가는 데에는 중앙정부나 지방정부의 정책적 사업들 이외 많은 사업을 필요로 하는데, 자원봉사활동은 법 규정이나 행정기관이 수행하는 공식적 업무 이외의 영역을 담당함으로써 더욱 완벽한 사회사업의 직무를 수행하는 데 기여한다.

셋째, 유휴자원을 효과적으로 활용함으로써 개인과 사회의 발전에 기여한다. 사회에는 부자, 전문기술자, 은퇴자, 특정한 재능을 가진 사람 등 많은 사람들이 공존하고 있다. 이들의 유휴자원을 적극 개발하고 적재적소에 배치하여 활용함으로써 봉사자에게는 만족감을 주고 사회적으로는 잉여에너지를 건전하게 사용함으로써 불필요한 부분으로 낭비되어 다른 문제(예: 과소비)를 야기하지 않도록 하는 예방 효과도 거둘 수 있다.

넷째, 복지사회의 발전을 이루게 한다. 복지사회란 국가뿐만 아니라 사회구성원 모두가 사회의 일원으로서 스스로 복지 향상을 위해서 노력하는 사회를 말하지만, 사회에서는 자신의 책무는 도외시하고 권리만 주장하는 현상들이 자주 일어난다. 따라서 자원봉사자가 스스로 책임과 의무를 다하는 봉사활동은 도움이 필요한 사람에 대한 이타주의를 실천함과 동시에 복지국가의 형성에 기여하게 된다.

다섯째, 사회갈등을 줄일 수 있다. 최근에 점점 심해지는 양극화

현상 또는 빈부격차 문제는 계급 갈등의 심화를 초래하여 자칫 폭동이나 테러 등의 심각한 사회문제를 야기할 수 있다. 자원봉사는 그러한 갈등을 줄일 수 있는 기회를 제공한다. 부유층이 돈과 시간을 내어 가난한 사람을 돕고 재능을 가진 사람들이 재능기부 등의 자원봉사를 하게 되면, 서로의 입장을 이해할 수 있는 기회가 많아져서 사회갈등을 줄일 수 있다.

여섯째, 부족한 사회복지 예산과 인력에 보탬이 된다. 국가의 예산은 제한되고 동원할 수 있는 인력도 유한하다. 경제가 어려우면 복지예산이 가장 먼저 삭감되는 것이 일반적인데, 자원봉사는 부족한 복지예산과 인력을 안정적으로 보충할 수 있는 수단이 된다.

 생각해 볼 문제

1. 철학이나 가치가 없는 자원봉사활동은 어떤 문제가 있으며, 왜 동기와 가치가 필요한가?

2. 자신이 자원봉사에 참여한다면 어떤 동기에서일지 생각해 보자.

3. 자신이 자원봉사활동으로 얻을 수 있는 가치를 나열해 보자.

제7장
자원봉사와 공공의 역할

　산업화를 통해 선진국으로 진입한 현대 국가들이 경험하는 공통적인 특징은 저출산·고령화이다. 특히, 우리 사회는 그 속도 면에서 매우 급격하게 진행되고 있어 심각성을 더하고 있다. 정신적 측면보다 물질적 측면에서의 빠른 성장은 인간성과 윤리의식의 상실, 집단이기주의, 각종 폭력과 비리, 빈부의 양극화와 청년 실업, 이혼과 자살의 증가, 다문화 가정의 증가 등 다양하고 복합적인 사회문제와 사회복지서비스 욕구가 발생시킨다. 이에 대응하기 위하여 국가는 한편으로는 사회보장제도를 발전시키며, 다른 한편으로는 민간의 자원봉사활동을 조직하고 활성화시켜 시민의 힘을 이용하고자 노력한다.

　하지만 자원봉사의 방법 측면에서 보면, 이러한 노력들은 장기적이고 근본적인 목적을 달성하기 위한 자원봉사활동 프로그램을 정비하고, 이를 기초로 자원봉사활동을 추진하는 단계에는 미치지 못하고 있다. 많은 경우 당면한 문제를 응급 차원에서 대응하는 사후 치료적 방법에 그친 것이 사실이다. 지방자치제도의 실시로 주민의 자원봉사활동 참여폭이 커졌지만, 아직 조직적 참여는 부족하다. 자원봉사를 활용하는 기관에서도 자원봉사자를 위한 프로그램이 부족하고 미흡한 실정이다.

자원봉사활동은 부족한 복지재원의 확보, 인력 및 자원의 네트워크화로 지역 내의 다양한 사회적 욕구를 충족할 수 있는 중요한 활동이다. 그럼에도 관련 시책 간의 유기적인 연계, 자원봉사활동 추진 및 지원 체계의 혼재, 보상과 유인의 실제성 결여, 자원봉사활동 참여의 지속성과 정기성의 결여 문제, 인식 부족 등으로 자원봉사활동이 제대로 실현되지 못하고 있다. 이 장에서는 공공에서의 자원봉사의 의미, 국가 및 지방 정부의 역할 및 주요 사례, 공공부문 자원봉사의 활성화 방안에 대해서 살펴본다.

1. 공공[1]에서의 자원봉사의 의미와 현황

공공에서의 자원봉사활동이 제대로 이루어지지 않고 있으나, 늘어나는 복지수요와 정책에 대한 시민의 관심 증가와 여가 기회가 확대됨에 따라 자원봉사에 대한 인식이 점차 바뀌고 있다. 이에 따라 민관 거버넌스의 일환으로, 자원봉사자를 단순한 보조 인력이나 비용 절감의 수단으로 인식하는 것이 아니라, 정책실현 과정의 중요한 요소로서 인식하기 시작했다. 즉, 능동적인 자원봉사자를

---

1) 공공(public)이란 네이버 사전에서 (특히 정부에서 제공하는 것으로) 대중을 위한, 공공의 정부 및 정부 업무와 관련됨을 나타낸다.

공공정책을 실현함에 있어 책임 있는 최고의 시민으로 인식하는 것이다.

공공정책에서의 자원봉사가 다양한 역할을 할 수 있다는 인식이 확산되고 있다. 첫째, 중앙 정부 및 지방정부의 각종 정책이나 프로그램에 대한 이해를 넓히고 홍보를 하는 기능을 하며, 둘째, 개인이나 기업을 공익 지향의 사회공헌 활동으로 유인할 수 있고, 셋째, 정책의 수립과 결정 과정에 주민을 직접 참여시킴으로써 현장의 소리를 듣고 정책의 집행과 목표달성을 용이하게 할 수 있다. 마지막으로 자원봉사를 통해 업무 부담을 줄인 공공 인력이 좀 더 시민과 함께 호흡하고 다양한 정책에 업무를 집중시킬 수 있도록 해 준다. 결국, 자원봉사자는 건강한 시민으로의 성장 기회를 가짐은 물론, 지역공동체의 주체로서 삶의 현장에서 미래지향적인 정부정책과 현장행정의 든든한 파트너라고 볼 수 있다.

2016년 시·도별 자원봉사센터는 245개소이다. 이들의 운영 형태를 살펴보면, 직영 123개소(50.2%), 법인 68개소(27.8%), 위탁 54개소(22%)로 각 지방자치단체에서 직접 운영하거나 민간기관에서 운영하는 경우가 비슷하게 나타나고 있다. 재원과 관련한 예산의 집행 현황을 살펴보면, 전체 100,466백만 원 중 국비 7,346백만 원(7.3%), 시·도비 24,378백만 원(24.3%), 시·군·구비 61,815백만 원(61.5%), 기타 6,927백만 원(6.9%)으로, 공공에서 집행하는 예산이 93.1%이다. 예산만으로 판단하면, 우리나라의 자원봉사는 민간보다 공공의 역할이 중요하다는 것을 보여 주고 있다.

이와 같이 공공의 역할이 자원봉사에서 중요한 이유를 살펴보면, 자원봉사 활성화의 제반 조건을 구축하는 데 있어서 현재 우리

사회에서 가장 강력하고도 유일한 주체이기 때문이다. 자원봉사활동의 활성화를 위한 중장기 발전계획의 연구, 공공 및 민간을 포함하여 자원봉사를 위해 필요한 기본 인프라 구축, 자원봉사활동의 전문화에 요구되는 프로그램의 연구 개발 및 이를 위한 연구소 육성, 자원봉사의 전문지도자(슈퍼바이저 혹은 코디네이터)의 교육 훈련 및 교육 강사 육성을 위한 계획적인 투자, 자원봉사를 위한 기초 조사 연구 과제와 새로운 지역사회주민 참여 강화 등은 상당한 책임성, 전문성, 예산이 요구된다. 물론 이에 대한 민간의 노력도 중요하다. 하지만 이들 과제는 공공부문의 투자가 더욱 효과적이고, 나아가 공공부문만이 감당할 수 있는 성격을 내포하고 있다.

2. 국가 · 지방정부의 역할: 관련 법과 제도의 정비

현대 국가에서 자원봉사는 공식적인 차원에서 이루어진다. 즉, 법적 근거를 가진 제도를 통해 자원봉사활동이 관리되고 자원봉사자가 인증 · 보호된다. 이러한 장치가 사회적으로 존재하지 않는다면 자원봉사자와 자원봉자를 필요로 하는 사람이나 집단이 용이하게 연결되지 못할 수 있고, 자원봉사 과정에서 발생하는 각종 불상사에 대하여 책임 소재를 묻거나, 피해자를 보호할 수 없는 상황이 발생한다. 자원봉사는 잘 아는 사람 사이의 사사로운 동정이나 도움이 아니기 때문이다. 따라서 사회적으로 전혀 모르는 주체들이 관계를 하고 상호작용을 할 때, 최소한의 법적 · 제도적 장치가 필요한 경우가 존재한다.

1) 자원봉사 관련 법

대표적인 자원봉사활동 관련 법률인「자원봉사활동 기본법」은 자원봉사활동에 관한 기본적인 사항을 규정함으로써 자원봉사활동을 진흥하고 행복한 공동체 건설에 이바지함을 목적으로 한다. 이 법은 2004년 5월에 민간전문가와 주요 부처 공무원들로 '자원봉사활성화기획단'을 구성하여「자원봉사활동 기본법」정부 제출안을 만들었다. 2005년 8월에「자원봉사활동 기본법」이 국회의 심의 및 의결을 거쳐 법률 제7669호로 공포되었고, 2006년 2월에「자원봉사활동 기본법」과 같은 법 시행령이 발효되었다(임혜숙 외, 2013). 2014년 법 전문개정으로 자원봉사활동에 대한 전문성과 책무성, 자원봉사활동의 범위, 다른 법률과의 관계 등을 명확하게 규정하고 있다.

이 밖에도 자원봉사를 진흥하기 위해「건강가정기본법」「양성평등기본법」「노인복지법」「국민기초생활 보장법」「청소년활동 진흥법」「재해구호법」등 다양한 정책 영역의 법에서도 자원봉사 관련 규정을 두고 있다. 또한 해외자원봉사의 지원과 관련하여「한국국제협력단법」을 두고 있고, 민간 기금의 조성을 책임 있고 합리적으로 수행하기 위해「사회복지공동모금회법」을 두고 있다. 또한 공공 행정부서나 선거 등에서 자원봉사활동을 활용하고 관리하기 위해 중앙 행정기관의 소속기관 직제 시행규칙,「공직선거법」기타「보호관찰 등에 관한 법률」등에서 자원봉사활동과 관련한 규정을 두고 있다.

법적인 측면에서 주목할 두 가지 점은 다음과 같다. 첫째, 거의 모든 정책 영역에서 자원봉사와 관련된 규정을 고려할 만큼, 자원봉사가 국민생활 및 공공 행정에서 중요성이 커지고 있다는 점이다. 즉 자원봉사는 현대 국가 및 사회의 합리적이고 원활한 운영을 위한 필수적인 요소로 발전하고 있음을 알 수 있다. 둘째, 현대사회에서 자원봉사활동이 법적인 규정이 필요할 만큼 공식화되었다는 점이다. 자원봉사 활동은 법적으로 관리되고 법적으로 보호된다. 모든 자원봉사는 공식적으로 승인되고, 자원봉사자, 자원봉사 수혜자, 자원봉사 관리자의 관계가 법적인 테두리 내에서 형성되는 시대가 된 것이다. 이제 공공 혹은 민간 영역의 자원봉사는 하나의 사회적 제도라고 할 수 있다.

2) 공공 자원봉사의 체계와 활동

자원봉사의 수요 측면에서 자원봉사자를 적절하게 활용하여 사회적 욕구와 문제에 대응하는 것도 중요하지만, 자원봉사의 공급측면에서 자원봉사를 원하는 사람을 육성하는 체계적인 노력도 반드시 필요하다. 자원봉사에 대한 수요과 공급을 적절하게 관리하여 사회적으로 요구되는 균형점까지 조절·관리하는 것이 중요하다.

여기서는 자원봉사활동이 원활하게 이루어질 수 있도록 노력하고 있는 정부의 역할을 추진체계, 관리체계 및 지원체계로 구분하여 살펴본다.

(1) 추진체계

추진체계는 조직적·체계적인 자원봉사활동을 목표로, 잠재적인 자발성을 자극하여 적극적으로 자원봉사자를 발굴하고 참여를 유도함으로써 효과적이고 효율적인 자원봉사활동이 되도록 한다. 추진체계는 조직, 재원, 사업의 내용으로 구분된다. 자원봉사활동 추진체계의 재원은 크게 정부 보조금, 기업의 지원, 기관 자체가 마련하는 재원, 모금 및 후원금 등으로 구성되며, 우리나라는 아직 정부 보조금 의존이 높은 편이다.

① 자원봉사진흥위원회

국무총리 산하의 자원봉사진흥위원회는 「자원봉사활동 기본법」과 같은 법 시행령에 근거해 자원봉사의 국가기본계획을 심의하는 역할을 수행한다. 또한 학교와 직장의 자원봉사활동을 장려하고, 자원봉사자의 포상과 전국 단위의 자원봉사활동 진흥·촉진을 위한 활동 주체로서 한국자원봉사협의회의 설립을 추진한다. 나아가 중앙정부와 지방자치단체가 법인 형태로 자원봉사센터를 운영하거나 민간에 위탁하여 운영 할 수 있도록 하는 등 자원봉사활동 관련 정책의 주요 방향을 결정한다.

② 중앙정부

행정안전부는 「자원봉사활동 기본법」에 근거해 자원봉사 국가기본계획을 수립한다. 또한 중앙정부 차원에서 자원봉사제도의 개선과 운영, 자원봉사센터 활성화 지원을 하는 한국중앙자원봉사센터가 있으며, 시·도의 자원봉사 지원업무를 담당하고 있다. 보건복지부는 사회복지 분야의 자원봉사활동을 육성·지원하고 있는데,「사회복지사업법」제9조의 규정에 근거하고 있다. 특히, 자원봉사자 육성사업을 위하여 사회복지협의회 부설 자원봉사정보안내센터를 운영하고 있고, 청소년자원봉사 및 수련활동 지원을 위한 청소년활동진흥센터를 운영하고 있다. 여성가족부는 여성발전기금으로 여성자원봉사의 분산된 창구를 지역단위로 통합 운영함으로써 자원봉사활동의 확산 기반을 다지고자 한국여성정책연구원이 위탁 운영하는 여성자원활동센터가 있다.

③ 지방자치단체

지방자치단체는 해당 지역의 실정에 따라 직영, 혼합직영, 위탁운영, 법인 운영, 자원봉사 거점의 형태로 자원봉사센터를 운영한다. 직영은 지방자치단체에서 직접 운영하는 형태이며, 혼합직영은 지방자치단체에서 직접 운영하되 민간인을 포함하는 형태이다. 위탁운영은 사회복지법인 또는 비영리법인에게 위탁하는 형태이며, 법인운영은 지방자치단체에서 법인을 설립하여 운영하는 형태이다. 자원봉사 거점은 자원봉사센터와 협력관계 속에서 자원봉사자들이 자율적으로 운영하는 생활권 중심의 소규모 자원봉사센터를 의미한다.

광역시·도 자원봉사센터는 지역별 지원인프라 구축, 자원봉사 문화의 증진과 시민의 참여를 위한 대국민 홍보방송, 자원봉사 문화·교육 콘텐츠 개발, 연구 및 평가(자원봉사센터 현황 자료집 발간, 정책개발을 위한 조사연구, 컨설팅 사업, 자원봉사센터 평가), 지역사회 공헌자(단체) 발굴·포상·추천 등의 활동을 한다. 또한 산하 시·

[그림 7-1] 부산광역시자원봉사센터와 금정구자원봉사센터가 합동으로 자원봉사자들을 모집하여 금정산 환경정화 활동을 하고 있다.

군·구 자원봉사센터의 합리적 운영을 위해 상급 기관으로서 전체적인 관리·조정의 역할을 수행한다.

전국적으로 시·군·구에 245개의 자원봉사센터가 있으며, 시·군·구마다 1개소를 운영하고 있다. 시·군·구 자원봉사센터는 공공의 자원봉사활동에 대한 다양한 역할을 하고 있다. 이를 통해 그 지역의 사회문제 해결과 주민의 욕구를 충족하는 자원봉사활동을 할 수 있도록 지원하고 있다.

시·군·구 자원봉사센터는 주로 자원봉사자의 발굴 및 관리, 자원봉사활동 프로그램 운영과 자원봉사자 교육의 영역으로 구분하여 운영되고 있다. 첫째, 자원봉사자의 발굴을 위해 자원봉사 범국민 홍보의 활성화, OK자원봉사1365콜센터 운영, YES자원봉사캠프를 운영한다. 둘째, 자원봉사자 관리를 위해 실적 관리와 함께 인센티브 지원으로 자원봉사 대상, 우수봉사자 선진지 방문, 자원봉사자 상해보험 가입, 인증배지 시상식, 할인 가맹점 및 후원업체 설치 등의 역할을 하고 있다. 셋째, 프로그램 운영으로는 지역의 여건과 주민의 욕구를 충족하는 특화사업, 주민이 즐기면서 체험하는 봉사활동, 사회복지 시설 혹은 기관과 사회복지서비스 욕구를 가진 개인에 대한 봉사활동 지원 등이 있다. 넷째, 자원봉사자 교육으로는 기본 교육, 리더 교육, 전문(보수) 교육을 실시하고 있는데, 자원봉사 프런티어 대학, 시민 대토론회 및 워크숍 개최, 자원봉사자 관리자 교육, 청소년 자원봉사 아카데미 운영, 레크리에이션 전문봉사단 양성 등이 있다(이병순, 2010).

④ 민간기구(단체)

한국자원봉사협의회(Volunteering Korea)는 우리나라의 대표적인 자원봉사 민간중앙기구이자, 법정 단체로 전국자원봉사단체들의 총괄 대표기구이자, 대정부 자원봉사 민간파트너 역할을 하고 있다.

비영리민간단체로서 자원봉사 확산을 위한 인프라 구축 및 정책연구 등 자원봉사활동의 강화를 위해 적극적으로 노력하는 '볼런티어21'이 있으며, 대학의 자원봉사단체는 의료봉사와 농촌봉사활동, 인권교육, 해외봉사활동 등을 펼치고 있으며 기업의 사회공헌단 등이 있다.

복지관의 부설 형태로 지원하는 재가복지봉사센터에서는 후원 및 자원봉사자 개발·연계, 사례관리, 일상생활 지원서비스, 정서 지원서비스, 자립 지원서비스, 의료건강지원서비스, 결연지원서비스 등 다양한 서비스를 제공하고 있다.

V타운21세기운동전국협의회는 우리 사회의 풀뿌리 변화를 이끌어내기 위한 "자원봉사 마을 만들기" 운동이 일명 "V타운 21세기 운동"의 이름으로 시작되었으며, 각 마을 단위로 공동체 의식을 부활시켜 지역사회의 문제를 지역주민들이 주체가 되어 해결해 나가자는데 목적을 두고 있는 시민운동단체이다.

(2) 관리체계

관리체계는 자원봉사자를 지역별, 성별, 연령별 자원봉사 활동의 현황 등을 파악하고 정리한다. 특히, 자원봉사자의 관리는 자원봉사활동의 현황 및 문제점을 파악하고, 해결책을 모색하여 활성화 시키는 방안을 제시하는 중요한 역할을 한다. 관리체계는 관리인력(성별, 연령별, 지역별, 전담인력 유무, 급여 등), 관리과정(모집, 교육, 배치, 평가 및 보상 방법)으로 구분된다. 특히, 자원봉사자가 증가하고, 자원봉사 경력이 진학과 취업 등에 반영되면서 자원봉사기관과 시간 등에 대한 체계적인 관리의 중요성이 증가하였다. 이에 따라 전산화와 관리 시스템의 발전에 대한 욕구가 커졌고, 자원봉사 정보망, 자원봉사센터의 종합관리시스템 구축이 관리체계의 매우 중요한 과제가 되었다.

(3) 지원체계

지원체계는 활발한 자원봉사활동을 위하여 직간접적으로 지원하는 역할을 하며, 자원봉사활동의 자율성과 독립성을 유지하고 지역사회 중심의 자원봉사활동 환경을 조성하는 데 초점을 둔다. 지원체계와 관련된 대표적인 자원봉사활동 관련 법률 역시 「자원봉사활동 기본법」과 같은 법 시행령이다. 「자원봉사활동 기본법」은 국가와 지방자치단체의 자원봉사활동을 권장하고 지원하는 책무를 명시하고 있다.

3. 주요 사례[2]

1) 글로벌 자원봉사 명품도시 선포

2005년 「자원봉사활동 기본법」 제정과 2006년 시행에 따라 2006년 12월 해운대구 「자원봉사활동지원조례」 제정과 구의 자원봉사센터를 2007년 7월부터 사단법인 해운대구자원봉사후원회에 민간위탁하여 운영하고 있다. 지역봉사발전위원회를 학계와 지역인사를 중심으로 20명으로 구성하여 자원봉사센터의 기본시책 수립 및 건의사항, 부의사항 등을 심의 의결하고, 2008년 1월 자원봉사활동 지원을 위한 기본정신, 행동강령 등을 담은 '자원봉사구민실천헌장'을 제정하여 자원봉사자의 모집과 활동 영역, 운영체계에 대한 제도적 근거를 마련하였다. 우수 자원봉사자 인증배지 시상식을 운영하여 연 2회 우수 자원봉사자에게 금·은·동 등의 인증배지를 교부하고 격려행사를 개최하고 있으며, 재난재해 차량교통 등 위험지역 자원봉사들을 우선적으로 자원봉사 상해보험 가입을 지원하고 있다.

2) 품앗이 자원봉사은행제

품앗이 자원봉사은행제란 자원봉사를 한 봉사자에게 통장을 발

---

2) 한국자원봉사협의회(www.vkorea.or.kr)에서 인용하였다. 한국자원봉사협의회는 대한민국을 대표하는 자원봉사 민간 대표기구이자 법정단체이다.

급하고 자원봉사 활동시간을 기록하였다가 자신이나 주위의 어려운 사람을 위하여 봉사한 시간만큼 되돌려 주는 제도이다. 옛부터 전해 오는 두레, 품앗이 제도 등을 자원봉사제도에 응용하여 도입한 것이다. 즉, 무상으로 봉사하고 있는 자원봉사자에게 봉사한 실적을 되돌려 주는 '품앗이' 제도를 현대에 맞게 적용시킨 지역통화제(Local Exchange Trading System: LETS)의 한 형태로, 1999년 11월 29일 서울시 동작구가 전국 최초로 시작하였다. 또한 경기도 성남시, 군포시 등 전국 50여 개 지방자치단체에 이 제도를 전파하였다.

3) 해외 지원 사례

부산해운대구, 러시아 이르쿠츠크 고려인에 '고국의 정' 전한다

해운대구는 2017년 6월 12~17일 4박 6일의 일정으로 러시아 이르쿠츠크를 방문해 해외동포 고려인에게 500여 벌의 한복을 전달하였다. 해운대구는 독립국가연합에 거주하는 우리 동포 고려인들이 한복을 입고 싶어도 구할 수가 없다는 소식을 접하고 글로벌 봉사활동의 하나로 2011년부터 한복 전달사업을 벌이고 있다. 시민에게 기증받은 한복을 정성스럽게 세탁하고 손질해서 우크라이나, 우즈베키스탄, 러시아, 카자흐스탄 등에 그동안 모두 3천여 벌을 보냈다. 시민들의 호응에 힘입어 500여 벌의 한복과 한복소품도 전달할 계획이다. 이번 방문단은 구청장을 비롯해, 한복나눔사업에 적극적으로 참여하고 지원해 온 민간인 등 모두 20여 명이다. 해운대구는 이르쿠츠크고려인협회에서 주재하는 방문단 환영행

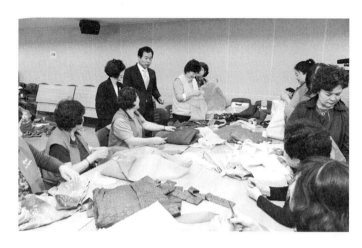

[그림 7-2] 해운대구는 러시아 이르쿠츠크에 방문단을 파견해 해외동포 고려
인에게 한복을 전달할 예정이다. 사진은 봉사자들이 한복을 손질
하는 모습이다.

사에서 한복 전달식을 갖는다. 또, 고려인 동포와 러시아인을 위한
교육기관인 '이르쿠츠크 한국문화센터'에 100여 벌의 한복도 기증
하고, 이르쿠츠크 국립대학의 '한국문화센터'에 한복과 도서 200권
을 기증할 계획이다(해운대구, 2017. 6. 7. 뉴스앤뉴스).

4. 자원봉사 활성화를 위한 공공의 역할

전국의 모든 기초자치단체에 자원봉사센터를 두고 자원봉사를
활성화시키려는 공공의 노력은 많은 성과를 거두었다. 하지만 자
원봉사활동에 대한 시민의 참여가 높아지고 인식이 변화되면서 공
공의 자원봉사 시스템이 양적으로 팽창하고 질적으로 다양해지는
서비스 욕구나 자원봉사자의 요구를 충당하기에 어려움이 있는 것

도 사실이다. 이에 따라 민간과의 협력이 더욱 커지고 있는 것 역시 부인하기 힘든 상황이다.

그러나 관리 및 추진 체계는 공공의 역할이 클 뿐 아니라, 민간의 역할을 대신하는 경우가 많다. 특히, 전국 단위로 자원봉사를 통합적으로 관리하고 지원하는 차원에서 보면, 민간의 역량은 아직 전국적인 시스템을 갖추는 단계에 이를 만큼의 역량을 갖추지 못하고 있다. 전국적으로 자원봉사를 조직ㆍ관리하고자 할 경우, 재원과 행정조직의 지원 측면에서 공공 자원봉사 시스템은 상대적으로 유리한 조건을 가지고 있다.

민간부문에서 주민의 자발적인 참여와 폭이 커지고 이에 대응하여 민간 조직이 성장하고 있지만, 관리 프로그램이나 인력 등에서 양적ㆍ질적 측면에서 지역적 편차가 심하다. 자원봉사활동 인증기관의 연계로 언제 어디서든 자원봉사자 및 봉사활동을 관리할 수 있는 시스템을 구축하는 것이 중요한데, 현재 시점에서는 공공에서 추진할 수밖에 없다. 민간 영역에서 전국 단위의 모든 지역에 보편적인 자원봉사활동 시스템을 갖추는 것은 매우 어려운 상황이다.

지역중심의 자원봉사활동 활성화를 위해서는 다음에서 제시하는 몇 가지 중요한 과제를 효과적으로 해결해야 한다.

첫째, 다양한 정보의 공유와 정부부처별 업무 연계가 필요하다. 이를 통해 자원봉사자의 관리는 물론, 인정과 수요자별 수요체계의 중복과 누락을 방지하고 프로그램의 중복과 기관들 간의 연대의식을 높여 효율적인 자원봉사활동을 추구하여야 한다. 따라서 자원봉사자 관리를 위한 범정부 차원의 관리체계와 종합정보망이 갖추어져야 하며, 실제로 이에 대한 투자가 진행되어 왔다. 자원봉사 시스템 구축에서 민간의 취약성을 공공의 개입으로 해결하고 있는 것이 우리나라 자원봉사 관리 및 지원 시스템의 양상이라고 할 수 있다.

둘째, 전문성의 향상이다. 아무리 자원봉사라 하더라도 실제 수혜자의 입장에서는 좀 더 좋은 서비스를 요구하고 있다. 그리고 문제 자체가 점차 복잡해져서 누구나 해결할 수 없는 경우가 많다. 따라서 자원봉사자에 대한 교육과 프로그램을 체계화하고, 자원봉사 관리에 대한 전문적인 지식과 기술을 갖춘 인력을 양성하여 배치해야 한다. 이를 통해 현장에서의 자원봉사 전문 인력을 확보하고 전문성을 증진하여 수혜자에게 양질의 서비스가 전달되도록 하고 문제해결의 가능성을 높여야 한다.

셋째, 공공은 정부정책은 물론 민간과의 파트너십을 확립하고 지역주민의 협력 관계를 양적 · 질적으로 발전시켜야 한다. 가장 중요한 것이 공무원의 인식과 태도 변화이다. 공무원이 자원봉사 자체를 잘 이해하는 것도 중요하지만, 더욱 시급한 것은 지역의 시민 및 시민단체 그리고 자원봉사자들을 중요한 협력자로 수용할 수 있어야 한다. 주지하듯이, 자원봉사활동에 대한 인식 전환과 이를 통한 자원봉사자들의 활동을 활성화시키는 것이 지역사회복지의 큰 틀이다. 이러한 인식의 전환은 공무원은 물론 주민들도 필요하다.

이를 위해 주민 및 공무원에 대한 교육을 강화하고 주민과 시민들의 활동을 지원하기 위한 통합적 자원봉사의 정책 환경을 조성할 필요가 있다. 또한 자원봉사센터가 조직의 안정성, 예산 확보와 전문성의 문제가 있을 수 있으므로 안정적인 운영을 위한 국비지원을 하는 민영화가 필요하며, 이를 위해서는 정부 부처와 한국자원봉사협의회와의 민관협력이 우선되어야 한다. 협력에 대한 가장 우선적인 책임 주체는 공공, 즉 정부이다.

 ## 생각해 볼 문제

1. 더불어 사는 사회는 어떤 사회이며, 복지사회를 위해 공공의 자원봉사센터와 기업의 자원봉사는 어떤 영향을 주고받는지 논의해 보자.

2. 공무원의 자원봉사활동에 대한 인식과 역량이 시민의 자원봉사에 미치는 영향을 알아보자.

3. 시민의 입장에서 공공기관을 통해 자원봉사 활동을 하는 것과 민간 조직을 통해 자원봉사를 할 때, 어떤 차이가 있는지 논의해 보자.

제8장
지역사회, 사회적 자본과 자원봉사

1. 사회발전과 사회적 자본

최근 우리나라는 경제발전 측면에서 G20의 수준에 진입할 정도의 성공적인 국가가 되었다. 하지만 선진사회의 자발성과 사회통합을 구현하기 위한 시스템 구축에 꼭 필요한 조건인 사회적 자본(social capital)의 수준은 G7 국가를 포함한 1인당 국민소득 4만 달러 이상의 국가들과 비교해 보았을 때 낮은 수준에 머물고 있다. 경제발전 수준에 걸맞는 사회적 자본을 구축하지 못하고 있는 것이 우리의 냉엄한 현실이다.

대부분의 선진국들은 다양한 정치·경제·사회·복지 제도가 잘 갖춰지고 신뢰, 네트워크, 참여 등의 사회적 자본이 잘 축적되어 있다. 이를 바탕으로 각 영역의 제도들이 선순환되어 사회를 발전적으로 성장시키는 나라가 진정한 선진국이라고 할 수 있다. 이미 OECD 가입 국가들은 사회적 자본의 발전 방향성을 모색하고 있다. 우리 정부 또한 사회적 자본의 중요성을 인식하여, 사회문제를 둘러싼 갈등해결에 초점을 두고 사회적 자본을 증진시키려는 시도를 하고 있다. 이처럼 사회적 자본은 국민의 삶을 행복하게 만들고 국가의 위상을 높이려는 국가들의 주요 관심사가 되었고, 실제로 많은 연구와 투자를 하고 있으며, 관련 정책들을 활발하게 제시하고 있다.

하지만 국민 삶의 질 향상을 위해서는 국가 차원이든 지역 차원이든 사회적 발전의 합리성과 시민참여를 통한 이해 공유가 매우 중요한 현실이다. 사회적 자본은 결국 시민 사이의 관계성에 내재한 자본이므로 시민이 사회적 자본이나 사회적 자본 형성의 조건들에 대해 관심을 가지고 중요성을 공유할 때 비로소 사회적인 자본이 형성될 수 있기 때문이다. 이렇게 본다면 사회적 자본이 많이 축적된 사회가 사회적 자본의 증진에 더욱 유리하다고 할 수 있다. 따라서 산업화 과정을 경험하면서 전통적으로 가졌던 사회적 신뢰, 호혜, 참여 등의 인식이나 행동이 파괴된 사회는, 현대적 의미의 사회적 자본형성 과정이 상대적으로 힘들 가능성이 높다.

1) 지역사회와 사회적 자본의 이해

(1) 사회적 자본

사회적 자본이라는 말은 1835년 토크빌(Tocqueville)이 미국 사회의 특성을 설명하기 위해 처음 사용하였다. 그 이후 1980년대 부르디외(Bourdieu), 콜먼(Coleman), 퍼트넘(Putnam) 등의 학자들에 의해 더욱 발전하였다. 부르디외(1986)는 집단과 개인 간의 관계에 초점을 두었고, 콜먼(1988)은 집단이 아닌 개인과 개인 간의 관계에 초점을 두었으며, 퍼트넘(1993b)은 지역사회의 특성을 사회적 자본의 개념으로 설명하면서 사회적 관계에 초점을 두었다.

이처럼 사회적 자본은 개념상 관계에 내재된 자본이다. 따라서 관계성을 규정하는 사회적인 상호작용의 양과 질 그리고 성격이 매우 중요하다. 하지만 사회적 자본의 관계의 주체를 어떻게 상정하느냐에 따라 사회적 자본의 개념은 다양하고, 때로는 모호하게 정의된다. 〈표 8-1〉과 같이 연구 목적과 적용 대상 등에 따라 학자들의 정의는 다르게 나타난다.

〈표 8-1〉 학자별 사회적 자본의 접근방법, 정의, 특징

접근 방법	저자 (년도)	정의	특징
미시	부르디외 (1986)	자신이 어떤 집단에 속해 있음으로써 소유할 가능성이 높게 되는 실질적 혹은 잠재적 자원의 결합	통합과 배제의 기제
	콜먼 (1988)	공동의 목적을 효율적으로 달성하기 위해 구성원들을 함께 움직일 수 있게 하는 신뢰, 규범, 사회생활의 연결망	사회적 자본의 생산적 기능
	버트 (1992)	친구, 동료, 일반적 교제를 통해서 얻는 재정적 · 인적 자본을 사용할 수 있는 기회들	연결망에 초점
	포츠 (1995)	연결망에 소속된 덕택으로 희소한 자원을 확보할 수 있게 된 개인의 능력	개인적 능력 강조
	린 (2001)	사회적 연결망에 내재되어 있고 행위자가 행위를 위해 접근하고 동원할 수 있는 자원	개인의 능동적 노력 강조

		연결망, 규범, 그리고 신뢰와 같이 조정된 행	경제와 민주적
	퍼트넘 (1993b)	위를 용이하게 함으로써 사회의 효율성을 증진시킬 수 있는 사회조직의 특성	발전에 중요한 공공재
거시	후쿠야마 (1995, 1997)	협력이 허용된 집단 내 구성원들 사이에서 공유되는 비공식적인 가치나 규범의 특정한 집합	신뢰가 사회적 자본
	뉴턴 (1999)	규범과 가치, 연결망, 이들의 결과로서 나타 나는 자발적으로 생산된 집합적 지원	사회적 자본과 경제발전 강조

출처: 정현민(2012)

　퍼트넘(1993b)에 따르면, 사회적 자본을 협동적 행동을 촉진시 킴으로써 사회적 효율성을 증진시킬 수 있는 신뢰, 규범과 연결망 과 같은 사회조직의 특성들이다. 신뢰가 높고 시민사회의 정치 및 정책에 대한 참여가 활발한 사회일수록 공동체의 결속력이 강하 고 사회적 발전 수준이 높다.[1] 후쿠야마(Fukuyama, 1995, 1997)는 신뢰 수준이 국가의 발전을 조건 짓는 유일한 기준이라고 하였고, 뉴턴(Newton, 1999)은 토크빌의 모델을 언급하며 자발적 결사체를 통한 상호작용을 통해 만들어지는 민주적 규범과 연대의식을 중요 시하였다. 낵과 키퍼(Knak & Keefer, 1997)는 29개 국가의 세계가치 관 조사를 바탕으로 신뢰와 규범이 경제성장과 투자에 영향을 미 친다고 강조하였다.

　국내연구에서는 소진광(2000)은 사회적 자본이 목적과 수단을 결합할 수 있는 공동체 구성원 간의 공감대나 신뢰 같은 동태적 구 조로서 정의한다. 사람이나 집단 간 관계의 질이 사회적 자본이라

---

1) 이는 퍼트넘이 이탈리아의 사회과정을 20년 동안 사회적 자본의 차이를 통해 지역사 회를 분석한 결과이다.

면, 이는 시장기능을 증진할 수 있고 제한된 자원의 효율성을 높일 수 있다. 지역사회 속에서의 사회적 자본은 지역사회 공동문제를 해결하기 위한 집합적 의사결정 과정에서 나타나는 시민 상호 간의 사회적 특성이라고도 볼 수 있다.

지역사회 주민, 나아가 시민이 서로 강한 신뢰와 연대감을 가지고 공적인 관심사에 대하여 적극적으로 협력하는 사회는 그렇지 못한 사회에 비하여 긍정적인 성과를 상당한 수준으로 제고시킬 수 있다. 주민 및 시민의 신뢰가 높고 상호 교류와 협력이 높은 사회는 그렇지 못한 사회보다 보안 시설 등 범죄예방에 투자해야 하는 각 가구의 비용이 그렇지 않은 사회보다 낮을 가능성이 높다. 이처럼 사회적 자본은 사회 구성원들에게 금전적 이익을 줄 수 있는 개념이며, 그러한 의미에서 자본(capital)이라는 개념이 포함되었다고 이해할 수 있다.

(2) 지역사회 발전과 사회적 자본

우리가 흔히 알고 있는 지역사회는 영어의 'community'에 해당하는 개념으로 이해된다. 사회적 자본 보다 더 정의를 내리기 힘든 개념이 지역사회이다. 여기서는 광의의 지역사회의 개념에 입각하여 시민이 생활하면서 삶을 영위하고 있고 어느 공간으로든 관계하고 활동하고 있는 곳으로 정의한다. 지역사회가 어떻게 정의되는가에 상관없이 지역사회의 지속적 발전에서 사회적 자본은 매우 중요한 역할을 한다.

그루태르트 등(Grootaert et al., 2003)은 지역사회의 사회적 연대(social tie)를 강조하였고, 크리슈나(Krishna, 2000)는 지역사회 제도

〈표 8-2〉 국내 학자별 사회적 자본의 구성요소

학자 (연도)	정의	구성요소	공통 요소
박희봉 · 김명환 (2000)	사회적 활동을 통해 축적되며 개인 및 사회의 활동에 영향을 주는 규범, 신뢰, 네트워크	신뢰 규범 네트워크	
주성수 (2003)	특정 통제력을 획득한 개인과 집단이 소속된 연줄 네트워크 내에서 형성되는 통제력의 교환	네트워크 통제력 교환	
소진광 (2004)	지방자치와 지역발전을 위한 지역주민의 참여를 통해 공동의 목표 추구	민주성 지방정부의 역량 네트워크	
천현숙 (2004)	주거 단지 내에서 상호적 관계를 통하여 형성되며 주거 단지의 발전을 기대할 수 있는 주거 단지 내의 사회적 자원	친밀도 참여 공동체 의식 신뢰	신뢰, 규범, 네트워크, 참여
임승빈 · 이승종 (2005)	주민의 자발적 의지를 결집한 시민사회와 지방정부의 역량강화를 위한 파트너십 구축	신뢰 네트워크 지역사회의 제도	
윤두섭 · 오승은 (2005)	지방정부의 외부 역량에 미치는 영향으로서 신뢰, 제도 및 규범, 연결망의 형성	사회경제적 요인 신뢰 네트워크	
박희봉 · 이희창 (2005)	경제적 · 사회적 요인과 연계하여 삶의 만족 추구	신뢰 규범 네트워크 민주성	
백명자 (2006)	신뢰와 규범을 바탕으로 이루어진 네트워크 관계 형성으로 상호 이익을 위해 협조적이고 협력하는 사회구성원들 간의 참여활동 과정	신뢰 참여 네트워크 민주성	
김선희 외 (2008)	일정 지역 내 주민 상호 간 이익을 위하여 공동의 문제를 해결하는 조정 및 협동 등을 총칭하는 집단적 기능	신뢰 참여 네트워크	

출처: 김우락(2011)

및 규범을 통해 신뢰를 확대하고 구성원 간 협력하는 것에 초점을 맞추고 있다. 이들은 연구자의 관점에서 지역사회의 건강성 유지와 발전을 사회구성원들 간에 신뢰에 기초한 협력과 연대라는 틀에서 보고 있는데, 지역사회 발전에서 사회적 자본이 그만큼 의미를 갖는 요소임을 알 수 있다.

나하피엣과 고셜(Nahapiet & Ghoshal, 1998)의 사회적 자본 분류는 다음과 같다(김우락, 2011; 허문구, 2011). 첫째, 사회적 자본의 구조적 차원은 지역사회 행위자 간의 전반적 연결유형을 의미하며, 연결망(network ties)과 연결구조(network configuration)를 말한다. 둘째, 사회적 자본의 관계적 차원은 지역사회 안에서 상호작용 과정을 통해 관계 당사자 간에 형성되고 발전된 특성으로 신뢰·규범·제도·정체성·참여 등을 말한다. 셋째, 사회적 자본의 인지적 차원은 지역사회 구성원들 사이에 공통의 목표나 가치를 공유와 언어 및 의미 체계의 공유를 통해 사물에 대한 이해나 공통의 행동방식을 촉진하는 차원이다.

이는 사회적 자본이 지역사회 시민 간의 관계와 활동에서 지속적으로 나타난다는 것을 의미한다. 사회적 자본이 시민의 역동적인 삶에 녹아 있거나 혹은 삶 자체라고 할 수 있다. 지역사회에서 생활하는 시민의 삶은 문화, 종교, 언어, 소득 수준 등 생활환경에 따라 삶의 방향이 다르고, 삶의 방향은 삶의 가치를 결정하고 그에 따라 삶의 만족도 다양하게 나타난다. 이러한 삶의 방향, 가치, 만족도 등 사회적 자본에 의해 형성된 것들이 총체적인 지역사회의 성격을 규정하고 발전 수준을 결정하는 데 중요한 역할을 하게 되는 것이다.

[그림 8-1] 제주도 한 마을의 표석. '범죄 없는 마을'은 안전과 신뢰라는 사회적 자본을 마을의 상징적 브랜드로 활용하는 예를 보여 준다.

지역사회에 거주하는 시민의 삶 속에서 지속적으로 변화하면서 형성되어 가는 사회적 자본의 구성요소는 매우 다양하게 규정될 수 있다. 〈표 8-2〉에서 보듯이, 신뢰, 규범, 네트워크, 참여는 거의 모든 연구자들이 구성요소로 제시하는 요소이다. 사회적 자본으로 규정할 수 있는 요소는 이 네 가지 외에도 다양하다. 하지만 현재까지 사회적 자본 연구자들은 지역사회(넓게는 일반 사회)에서 가장 보편적으로 요구되고 있고, 시민의 사회적 관계에 내재적으로 증진시켜야 할 요소로 들고 있는 것이 신뢰, 규범, 네트워크, 참여이다. 이러한 요소들이 상호 연관된 중첩적 관계(overlapping relation)를 이루면서 작동한다.

그렇다면 사회적 발전과 사회적 자본은 어떠한 관계를 가지는

가? 시민의 삶의 질이 증가하는 것을 사회적 발전의 궁극적인 목표라고 한다면, 사회적 자본은 이를 위한 내적·외적 동기이자 에너지라 할 수 있겠다. 농촌 지역사회의 발전과 사회적 자본의 관계에 대한 연구 결과를 보면, 마을의 발전 수준과 마을의 사회적 자본의 형성 및 축적 수준이 상당한 정의 비례관계를 보이고 있음을 밝히고 있다(정기환, 심재만, 최경은, 2006: 218-220).

마을의 발전 수준이 높을수록 사회적 자본의 형성도 용이하지만, 사회적 자본이 형성되지 않을 경우에는 마을 공동체의 발전이 어렵다는 것을 의미한다. 사회적 자본이 부족하면 마을 공동체(지역사회) 성원 간의 신뢰 및 협동의 가능성이 낮고, 마을 주민이 마을의 일에 참여하는 수준도 낮다. 나아가 공동체 내에서 발생하는 갈등을 관리하거나 해소할 가능성도 낮아진다. 결국, 사회적 자본이 낮을 경우 지역사회는 점차 공동체적 활력이 약화되고 발전은 늦어지게 된다.

2. 사회적 자본과 자원봉사

1) 사회적 자본과 자원봉사의 관계

이러한 시대적 상황 속에서 최근의 정부는 사회적 자본을 형성하고 축적하기 위한 다양한 전략과 프로그램을 개발하고 있다. 민간부문도 사회적 자본과 관련된 연결망의 확대를 위해 다양한 시책들을 마련하고 있다. 그중에서도 가장 관심을 받고 있는 대표적인 활동이 자원봉사이다. 공공부문과 민간부문 모두 시민의 자원봉사를 통한 사회적 자본의 형성과 축적을 중요시하고 있다.

김태룡과 안희정(2009)의 연구에서는 자원봉사를 강화하는 데 있어 사회적 자본이 긍정인 영향을 미치는 것으로 나타났다. 이는 자원봉사활동 자체가 사회적 자본의 핵심인 사회적 관계에 기초하여 형성됨을 의미한다. 역으로, 자원봉사의 활동과정에서 구성원 간 신뢰와 호혜적 관계의 사회적 자본의 형성이 촉진되기도 한다. 시민이 자신의 지역사회를 돌보는 자원봉사를 실천한다는 것은 그 자체가 사회적 자본으로서의 참여 과정이며, 지역사회의 구성원들 간의 신뢰와 호혜적 관계를 구축하는 수단인 것이다. 자원봉사를 통한 상호 관계의 원만한 지속으로 인해 시민적 사회규범 또한 자연스럽게 형성될 수 있다.

자원봉사활동은 기본적으로 비영리조직 활동으로 공공과 민간 부문에서 휴먼서비스를 제공하는 데 중요한 방법 중 하나이다. 민간부문 비영리조직이 행하는 다수의 활동은 자원봉사라는 시민의 자발적인 행동을 통해 기획 · 실현 · 확산된다. 예를 들어, 시민의 기부 문화는 시민 스스로 사회문제를 해소하고 지역사회가 발전하는 데 필요한 공공 재화와 서비스를 제공하는 과정의 일부이고 중요한 수단이다. 재능기부처럼 기부문화 속에서 이루어지는 시민의 자원봉사는 정부의 예산과 지역사회 참여의 한계를 극복할 수 있고, 전반적인 사회복지의 내용도 확대한다는 측면에서 긍정적이다.

이러한 자원봉사활동은 자원봉사자 개인의 자유 의지와 자발적 활동이기 때문에 최근에는 시민사회의 성장, 참여민주주의의 확대와 같은 사회적·제도적인 측면으로까지 역할이 확대되고 있다(김경동, 2007). 또한 한 시민의 자원봉사활동은 사회적 신뢰를 바탕으로 한 네트워크나 사회적 규범의 영향을 받으며, 이를 바탕으로 더 높은 수준의 신뢰, 더 많은 네트워크를 형성하여 사회적 규범을 더욱 공고히 하게 된다. 여기에서 개인의 자원봉사활동과 사회적 자본과의 연결고리가 형성되며, 연결 형태로서의 사회적 자본은 사회 전체적인 소속감과 상호 호혜성과도 연결된다(강효민, 박기동, 2008).

2) 사회적 자본과 공동체

사회적 자본을 연구하는 몇몇 학자들은 사회적 자본을 공동체 유지를 위한 기제로 보기도 한다(Putnam, 1993a; Callahan, 1997; Fukuyama, 1997). 사회적 자본은 공동체 간의 신뢰 또는 상호작용, 사람·집단으로 인해 시민의 행동을 보다 효과적으로 촉진하는 자원이며, 더 나아가 공동체를 위해 사회적 유용성을 증진시킬 수 있는 주요한 자원이기도 하다. 사회 또는 집단의 공동 이익을 위하여 개인의 이익보다 공익을 우선으로 두어 사회적 단위를 효과적으로 유지시키는 핵심 역량이라 할 수 있다.

흔히 우리가 알고 있는 지역사회는 고립된 개인들로 구성된 것이 아니라 매개체적 사회적 구조에 의해 서로 연관되어 있고 협동적 체계를 구축하고 있다. 따라서 사회적 자본은 시민 간의 관계 속에서 공동체적 이익을 형성하고 축적할 수 있도록 연결시키는 매개체로서 역할을 한다. 이에 대해 콜먼(1988)의 개방적 혹은 폐

[그림 8-2] 부산시 수영구의 구민헌장. 지역사회발전을 위해 생활 속에
서 공유하고 지켜야 할 규범을 제시하고 있다.

쇄적 연결망에 대한 개념으로부터 추론하면, 지역사회 내 공동체
의 긍정적인 부분과 부정적인 부분이 함께 존재할 수 있다. 사회적
자본과 공동체는 서로 필요충분 조건적 관계라는 점은 분명한 사
실이다. 따라서 사회적 자본은 사회적이라는 의미와 자본이라는
의미를 포함하면서 개인보다는 사회적 관계 속에서 존재하여 지역
사회 공동체와도 밀접한 관계를 가진다.

3. 사회적 자본과 삶의 질

사회적 자본은 사회적 발전에 기여할 뿐만 아니라 시민 개개인의 삶의 질에 영향을 미치는 다양한 사회적 지표와도 밀접한 관련이 있다. 퍼트넘(2000)은 사회적 자본이 풍부한 국가가 교육, 보건, 치안, 사회경제적 평등의 측면에서 사회적 자본 수준이 낮은 국가보다 양호하다고 보았다. 이러한 사회적 지표들은 사회불안 요인과 밀접한 관련이 있으므로, 사회적 자본은 집단 간 갈등과 분열을 완화하고 사회적 안정에 기여하는 효과가 있다.

콜먼(1988)은 가족 단위와 지역사회 단위에서 사회적 자본이 인적 자본 형성에 미치는 영향을 분석했다. 콜먼은 부모와 자녀 간에 존재하는 사회적 자본의 질을 부모가 자녀와 물리적으로 같이 보내는 시간과 자녀에 대한 부모의 관심도를 가지고 평가했는데, 미국에 거주하는 동양인 이민자들이 자녀의 공부를 돕기 위해 학교 교과서를 추가로 구입하는 것을 가족 내 높은 사회적 자본의 예로 들었다.

신뢰와 보건 서비스의 질 관계 연구에서는 보건 서비스의 질이 낮을수록 면역력이 약한 영아가 질병의 위험에 그만큼 쉽게 노출되기 때문에 영아사망률은 높아질 것으로 예상하였는데, 이는 84개국을 대상으로 신뢰와 영아사망률 차이의 약 11%를 설명하는 것이다(김우락, 2011).

사회적 자본인 신뢰가 풍부한 사회의 시민은 시민적 책임뿐만 아니라 시민적 권리에 대한 의식도 강하게 나타난다. 이 시민적 책임과 권리로 인해 지역사회 공동체 의식이 영향을 받아 나타나는 실천이 자원봉사라 할 수 있다. 따라서 자원봉사는 더불어 살아가는 것에 대한 해답을 제공하기도 하고, 시민 공동체 안에서 삶의 질을 변화시키거나 조절하기도 한다. 지역사회 시민의 삶의 질 향상을 '함께 함'이라는 방법으로 접근하는 자원봉사는 지역사회 발전을 지향하는 사회적 활동임과 동시에 중요한 사회적 자본이다.

 생각해 볼 문제

1. 자원봉사를 통한 지역사회 발전의 사례를 한 가지 찾아 팀별로 긍정적인 측면과 부정적인 측면에 대해 토론해 보자.

2. 자원봉사로 인한 지역주민 삶의 변화를 인식할 수 있는 사례를 찾아 사례연구를 해 보자.

3. 지역사회에 있는 자원봉사조직을 살펴보고, 그 조직의 활동이 지역사회의 사회적 자본과 어떤 영향을 주고받는가를 탐구해 보자.

제9장
사회서비스와 자원봉사

지난 10여 년 동안 우리나라의 사회복지정책의 중요한 특징은 사회서비스가 다양한 영역, 다양한 대상, 다양한 방법으로 확대되고 있다는 점이다. 국민연금 등의 사회보험이나 빈곤층의 경제적 보장에 초점을 둔 국민기초생활보장제도는 현금 중심의 복지제도이다. 이와는 달리 장애, 노인, 아동 등 신체적·정신적·사회적 취약성을 가진 사람에 대한 돌봄(care)이나 관련 서비스는 현금보다는 사람이 직접 대상자와 대면하면서 행해지는 특징이 있다. 전문적이든, 비전문적이든 인력이 투입되어 대면 접촉을 통해야 서비스가 전달되는 것이다. 또한 취약 지구의 청소사업 지원같이 비록 대인 서비스는 아니지만, 시민이 직접 신체적 활동을 해야만 문제를 해결하고 원하는 사회적 목적을 달성할 수 있는 서비스 프로그램도 있다. 이러한 특징 때문에 사회서비스는 현금 중심의 제도나 정책과는 달리 시민의 자원봉사활동과 밀접한 관계 속에서 실현되고 발전한다.

1. 사회서비스의 개념과 특성

1) 사회서비스의 개념

사회서비스(social services)라는 용어에 대한 정의는 아직도 의견이 분분하다. 사회적 돌봄(social care), 사회서비스(social services), 사회복지(social welfare), 사회적 보호(social protection), 사회적 지원(social assistance)이라는 용어로 혼용되는 것(남찬섭, 2012)도 그 이유다. 사회서비스를 "비영리적인 특징, 즉 이윤추구를 일차 목적으로 하지 않으면서, 사회적 욕구 충족에 초점을 두는 집합적이고 관계 지향적인 활동"(정경희 외, 2006)으로 규정하는 경우에는 자원봉사의 의미와 유사하다.

우리나라에서도 사회서비스에 대한 정의와 범위의 의견은 다양하다. 정부에서 규정하는 사회서비스는 다음과 같다. 보건복지부(2014)는 개인 또는 사회전체의 복지증진 및 삶의 질 향상을 위해 사회적으로 제공되는 서비스로, 공공행정, 사회복지, 보건의료, 교육, 문화를 포괄하는 개념으로 정의한다. 이는 「사회적기업 육성법」과 「사회서비스 이용 및 이용권 관리에 관한 법률」에서도 유사한 개념으로 정의하고 있다. 한편, 남찬섭(2012)은 사회서비스 개념을 다섯 가지 범주인 공공서비스, 사회적 일자리, 사회행정, 사회복지서비스, 돌봄서비스 및 바우처로 규정하였다(〈표 9-1〉 참조). 다양한 구분법이 있지만, 여기서는 남찬섭이 규정한 사회서비스의 돌봄서비스 및 바우처를 중심으로 사회서비스의 특성을 살펴

〈표 9-1〉 사회서비스의 범주 및 내용

범주	내용
공공서비스	• 공공행정 · 국방 · 사회보장행정, 교육서비스, 보건 및 사회복지사업 • 기타 공공, 수리 및 개인 서비스의 일부: 청소관련서비스, 자선단체, 이 · 미용서비스, 목욕 · 세탁업, 간병 · 산후조리서비스 등
사회적 일자리	• 교육, 보건, 사회복지, 보육서비스, 간병 및 가사서비스, 환경 및 문화 분야의 서비스, 청소 등 사업시설 관리 서비스, 산림보전 및 관리서비스, 문화재보존 및 활용관련 서비스, 예술 · 관광 및 운영서비스, 「직업안정법」에 의한 고용서비스, 기타 서비스
사회행정	• 소득보장, 교육, 보건, 주거, 고용, 대인사회서비스
사회복지 서비스	• 아동 · 노인 · 장애인 · 한부모가족 등 다양한 인구집단을 대상으로 하여 생활시설 · 이용시설 등을 통해 제공되는 서비스 및 각종 돌봄서비스
돌봄서비스 및 바우처	• 노인돌봄, 장애인활동지원, 장애아동재활치료, 장애아동언어발달지원, 산모 · 신생아도우미, 가사 · 간병도우미, 지역사회투자사업, 노인장기요양보험에 의한 요양서비스

출처: 남찬섭(2012)

보기로 한다.

2) 사회서비스의 특성

우리나라에서 사회서비스가 추진된 배경은 크게 두 가지를 들수 있다. 먼저, 신사회적 위험(new social risks)과 같은 환경변화에 대한 전략적 대응의 필요성이다. 심각한 저출산 문제와 고령화로 인한 인구구조의 변화, 핵가족화 · 다문화 · 한부모가정의 증가로 인한 가족구조의 변화, 경제활동에 대한 여성의 참여가 증가하면서 사회서비스에 대한 수요도 증가하였기 때문이다. 특히, 지금까지 유지되어 온 여성의 비공식 돌봄은 한계에 도달하여 돌봄의 시장화 내지 사회화가 불가피하게 된 것이다.

다음으로, 예방적 복지의 필요성이다. 사회경제의 양극화, 근로빈곤층(working poor)으로 대표되는 신빈곤층의 확산으로 인적 자본에 대한 투자가 무엇보다 중요한 시점이라는 점과 중장년, 여성 등 고용취약계층에게 적합한 일자리를 제공함으로써 생활 안정 및 경제활동 참여 기회를 확대하기 위함이다. 장기적인 관점에서의 지원이라고 할 수 있다.

이와 같은 배경 속에서 사회서비스는 현금 지원이 아닌 서비스 지원 형태의 급여로 인해 여러 가지 특징이 드러난다. 이 중 몇 가지를 살펴보면 다음과 같다(이재원, 2012).

(1) 보편성

사회서비스에서는 이용자 자격조건, 서비스 전달 및 정책관리 방식에서 기존 복지서비스와 달리 적용된다. 대표적인 정책 가치는 보편성이다. 사회서비스의 보편성은 서비스 이용 자격에서 잘 볼 수 있다. 서비스를 받고 싶어 하는 욕구(needs)가 있으면 누구나 혜택을 받을 수 있어야 한다. 이런 의미에서 공평성으로 설명할 수도 있다. 물론, 서비스에 대한 수요자 공급의 가용성을 초과할 때, 접근성 할당을 위해 일정 요금의 징수, 소득/자산 자격기준, 지원 순서 기준, 진단 혹은 문제 사정의 기준, 인구사회학적 기준 등이 사용될 수 있다(김영종, 2013: 50).

(2) 수요자 중심

시장과 수요자 중심의 사회서비스 접근 역시 특성 중 하나이다. 사회복지정책에서는 공급자 방식에 대한 비판과 함께 소비자 중심 접근이 강조된다. 사회서비스 이용자는 수동적인 수급권자가 아니라 자기 선호를 요구하는 적극적 소비자가 되어야 한다. 서비스의 특성을 공급자보다는 해당 지역의 특징과 욕구를 반영해야 한다는 측면에서 보면 지역성 역시 수요자 중심 서비스와 맥락을 같이 하고 있다. 다만, 보편성의 특성과 같이 대상자의 인구학적 특성과 욕구 특성 같이 서비스 정책의 조건에 따라 바우처(voucher)나 현금을 지급하여 서비스에 대한 선택권의 일부를 보장하기도 한다. 여기서 현금을 지급한다고 해서 서비스 선택의 여부를 포함한 완전 자율권을 제공하는 것이 아니다. 예를 들어 보육료를 부모에게 선불로 지급할 경우, 부모는 반드시 자녀의 보육에 지급된 현금을 지출해야 하는 조건이 붙어 있다. 부모의 자율권은 보육 서비스의 공급자를 선택하는 한에서만 주어지는 것이다.

(3) 지역성

사업개발과 관리 등에서 지방자치단체의 적극적인 역할을 강조한다. 중앙정부의 표준화된 지침을 전국적으로 시달하는 전통적인 방식과는 차별화된 접근이다. 개인과 가족의 생활체계를 지원 혹은 회복하는 정책의 내용은 지역별로 다양성을 가진다. 지역특성에 따라 차별화된 접근이 가능한 것이다.

(4) 산업화

사회서비스 사업은 전자바우처의 기본 특성 이외에 사회서비스 '산업화'의 담론이 더 있다. 이는 사회서비스 일자리 확충에 대한 것이다. 특히, 중장년, 여성, 저소득층, 고용취약계층에게 적합한 일자리(혹은 괜찮은 일자리)를 제공함으로써 서민생활 안정 및 경제활동 참여 기회를 확대하기 위함이다.

2. 사회서비스, 자원봉사, 시민의 삶의 관계

현재까지 보건복지부가 설정한 사회서비스 영역에 자원봉사가 투입되는 경우는 드물다. 시장의 원리로 '봉사'라는 의미보다는 '영리'의 의미가 더 강하기 때문이다. 하지만 현재 사회서비스를 제공하는 비영리기관의 경우, 주된 인력이기보다는 보조 인력으로서 활용된다. 개인사업자의 경우, 자원봉사자로 시작하여 기관 설치 후 기관장과 제공 인력을 겸하게 되기도 한다. 이와 같이 사회서비스 영역에서 자원봉사는 시민의 삶에 어떠한 영향을 미치는지 구체적으로 알아보자.

1) 사회서비스와 자원봉사

사회서비스 영역의 자원봉사는 '지역사회(community)'에서 이루진다.[1] 현재 사회서비스 내 자원봉사 활용은 그리 활성화되어 있

---

1) 여기서 사회서비스는 보건복지부에서 시행하는 사회서비스로 국한한다.

[그림 9-1] 계명대학교 뮤직바이러스 팀이 아동들과 소외계층을 위해
재능기부활동 펼치고 있다.

출처: 대경일보(2014. 11. 5., http://dkilbo.com/news)

지는 않다. 앞서 언급한 바와 같이, 사회서비스가 제도적 수혜, 봉
사의 개념보다는 영리를 추구하는 시장경쟁의 원리로 돌아가기 때
문이다. 하지만 자원봉사는 단순히 '주는 자와 받는 자'의 관계에서
벗어나 좀 더 폭넓은 의미를 포함하고 있다. 즉, 한 인간으로서 타

인과 더불어 사는 '도움과 나눔, 지킴'의 활동(권중돈 외, 2008)이라는 점에서 사회서비스와 맥락을 같이 할 수 있다.

현장에서 사회서비스가 적절하게 작동하기 위해서는 자원봉사자를 활용해야 할 상황이 상당히 많이 발생한다. 가령, 지역사회 내 복지관, 대학교 등에서 이윤추구보다는 질 높은 서비스를 제공하기 위해 전문가들의 자원봉사에 의존하거나, 전문성이 요구되지 않을 경우에는 대학생을 '보조 인력'으로서 활용한다. 특히, 대학생의 경우 전문 분야(예: 사회복지, 심리, 관광, 운동 분야 등)의 보조적인 자원봉사자로 시작하여, 경험이 쌓이면서 주된 제공 인력(예: 사회복지사, 심리치료사, 예술교육지도자, 스포츠전문가 등)으로 발전·전환되는 경우도 있다. 이렇게 본다면 사회서비스 현장은 수혜자가 서비스를 제공받는 공간이면서, 동시에 자원봉사자 입장에서는 역량을 발전시킬 수 있는 기회의 장이기도 하다.

좀 더 광의적인 측면에서 살펴보면 좀 더 다양한 자원봉사 유형들을 발견할 수 있다. 예를 들어, 서비스를 제공하는 제공기관을 대상으로 합리적 운영에 대한 제반 교육과 컨설팅 지원을 하는 재능기부 형태의 자원봉사자가 있다. 음악대학생들이 재능기부의 형태로 소외계층 아동들을 대상으로 한 음악교육지원(사회서비스)을 할 수도 있고, 소외계층 어르신들을 위한 공연을 할 수도 있다. 전문적 기술이 없는 일반인의 경우, 종합사회복지관의 관리하에 나이가 많고 건강이 좋지 않아 사회활동에 어려움을 겪는 독거노인에게 끼니마다 도시락을 배달해 주는 자원봉사를 할 수도 있다.

이렇듯 사회서비스는 자원봉사를 매개로 하여 지역사회의 주민 혹은 시민을 사회서비스의 수혜자인 동시에 사회서비스 제공자로 활용할 수 있다. 이러한 과정을 통하여 지역사회 주민과 일반 시민에게 사회문제와 그에 대응하는 사회서비스에 더욱 관심을 갖게 하여 공적 책임감을 제고할 수 있다. 경제적 측면에서 자원봉사의 활용은 증가하는 사회서비스 욕구에 대하여 부족한 공적 역량(재원 및 인력)을 보완해 줌으로써 국가 혹은 사회 전체의 서비스 공급 역량을 향상시켜 준다.

2) 사회서비스와 자원봉사 관계

사회서비스, 자원봉사, 시민간 전달체계는 어떻게 구성되는가? 이는 자원봉사의 절차와도 관계가 있는데, [그림 9-2]와 같이 수요와 공급, 투입(input)과 산출(output) 측면에서 파악해 볼 수 있다.

사회서비스는 지방자치단체별로 상이하게 진행되므로 서비스의 대상과 필요한 서비스 유형 파악 등 지역 현황 분석을 미리 행하고, 이에 따른 사업 개발을 해야 한다. 사회서비스 사업의 실시는 복합적으로 여러 조건이 충족 되어야 한다. 먼저, 지역사회라는

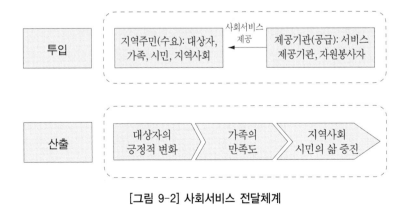

[그림 9-2] 사회서비스 전달체계

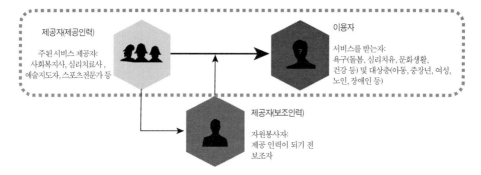

[그림 9-3] 사회서비스에서 자원봉사자의 역할

사회서비스 실천의 장에서 양적·질적으로 자격을 가진 공급자와 사회서비스가 표적으로 삼고 정확하게 사정(assessment)이 이루어진 수요자, 즉 욕구를 가진 지역주민과 공급자인 제공기관이 존재해야 한다.

　[그림 9-3]에서 보는 것처럼, 자원봉사는 공급영역의 서비스 제공(혹은 제공을 위한 자원)에 해당된다. 직접적 참여자이기보다는 서비스 제공의 지원자·조력자·보조자의 역할을 수행하게 된다. 현재 사회서비스에서는 노동에 따른 급여를 받는 전문 혹은 준전문적 제공 인력이 활동하고 있다. 그에 따라 자원봉사의 영역은 서비스의 질을 높이거나 원만한 운영을 위한 주체자이기보다 전문 혹은 준전문적 제공 인력을 돕는 조력자·보조자로 활동하는 것이 일반적이다.

　그럼에도 불구하고, 사회서비스 현장에서 자원봉사자는 보조자로서의 제한 범위 내이기는 하지만 비교적 다양한 역할을 부여받는다. [그림 9-4]에서 보듯이, 자원봉사는 가장 기본적으로 단순한

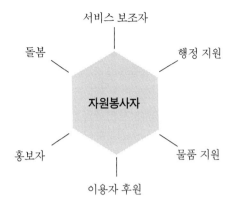

역할:

지역사회에서 지역주민의 수요에 의해 제공되는 서비스가 작동하기 위해 자원봉사자인 인적 자원을 활용하는 곳 어디든 개입할 수 있다(단, 직접적 서비스 제공은 제외).

예:

– 지역사회 내 복지관, 대학교 등에서 대학생들
– 경력단절여성으로 가사일을 하는 주부들
– 은퇴 후 어르신들
– 사회서비스를 제공받은 이용자(공연 등 재능기부)

[그림 9-4] 사회서비스 내 자원봉사 영역(위치)

돌봄 서비스의 제공자가 될 수도 있고, 서비스를 보조하는 역할도 가능하며, 행정을 지원하여 간접적으로 서비스 제공 과정을 완성시키는 역할을 하기도 한다. 상황에 따라서는 홍보자의 역할, 물품 지원 대행 역할, 이용자의 후원도 할 수 있다.

이와 같은 투입이 일련의 과정이 수행되고 나면 그것의 산출로서 일정한 결과 혹은 효과를 발생시킨다. [그림 9-2]에서 보여 주듯이 서비스 실시에 따라 당사자가 겪고 있는 문제나 욕구를 해결하거나 해소시켜 주는 직접적인 효과를 만들어 낸다. 나아가 궁극적으로 개인 및 집단 차원에서 시민의 삶의 질을 향상시키는 결과를 현실화시킨다. 이에 대하여 좀 더 구체적으로 논의하면 다음과 같은 다양한 의미들이 내재한다.

3) 사회서비스와 자원봉사에 따른 시민의 삶

자원봉사활동이 작동하는 사회서비스 혹은 사회서비스의 장에서 실현되는 자원봉사는 시민의 삶에 어떤 영향을 줄 것인가? 이 질문 역시 다양한 답변이 가능할 것이다. 그럼에도 불구하고 보편적으로 언급되는 내용은 다음의 몇 가지로 좁혀진다.

첫째, 자원봉사 활용으로 서비스 공급 범위가 확대되고 공급 역량이 강화된다. 자원봉사를 서비스 전달에 활용할 경우, 기대할 수 있는 가장 주요한 효과 중의 하나는 지역주민이 이용할 수 있는 서비스의 범위를 확대시킬 수 있는 잠재력을 가진다는 것이다. 이것은 사회(복지)서비스를 포함한 많은 영역에서 민간의 시민사회단체 활동이나 자원봉사활동이 공공의 정책역량의 한계를 보충해 준다는 일반적 논리의 맥락과 상통한다.

둘째, 서비스 전달에 대한 자원봉사의 활용은 시민의식의 향상에 기여한다. 사회서비스 전달에 대한 자원봉사자의 활동은 참여자와 서비스 제공자 간 상호 이해를 증진시켜 준다. 동시에 사회서비스의 생산과 집행과정에 관여함으로써 시민은 서비스 전달에 관련된 정책 및 행정에 대한 이해를 증진시킬 수 있다. 이러한 상호작용에서 확보된 이해는 서비스 기관에 시민의 욕구와 관심사에 대하여 다양한 의견과 정보를 제공할 수 있다(윤주명, 2004). 이와 같이 자원봉사 활용이 원만하게 이루어진다면 자원봉사자는 행정과 지역사회를 연결하는 가교(bridge) 역할을 할 것이다.

사회서비스 공급에 자원봉사를 활용하는 것이 반드시 긍정적인 것은 아니다. 긍정적 효과와 함께 문제점 또한 수반하는데, 자원봉사의 활용은 다음의 두 가지 점에서 형평성의 문제가 발생한다. 하나는 자원봉사에 의한 서비스 개선의 비용을 공공부문에서 책임지는 것이 아니라 사실상 민간부문으로 전가한다. 즉, 서비스 전달 과정에서 발생하는 비용이나 서비스 개선의 책임을 자원봉사자나 자원봉사를 기획하는 민간조직에 전가하게 된다. 만일, 공공부문에 의한 서비스보다 자원봉사 영역의 서비스가 질적으로 문제가 된다면, 본의 아니게 피해는 서비스 수혜자에게 전가될 수 있는데, 이것 역시 전가된 비용으로 볼 수 있다.

다른 하나는 서비스의 개선에 투자되는 시민사회 혹은 자원(自願) 영역의 물적 자원과 인적 자원이 지역 간, 계층 간에 불균형적으로 이루어진다. 이것은 자원봉사가 모든 지역에서 고르게 활용되지 않으며, 자원봉사자가 모든 계층에서 고르게 나오는 것도 아니기 때문에, 동등한 서비스 수혜자격을 가진 사람들이라 할지라도 자신이 속한 지역 또는 계층에 따라 최종적으로 받는 서비스에 차이가 있을 수 있다는 의미이다(윤주명, 2004).[2]

그렇다면 사회서비스에 있어 자원봉사 활용이 시민의 삶의 질을 증진시킬 수 있으려면 어떤 노력을 해야 하는가? 먼저, 지역 간 형평성 문제에 대해 중앙정부 차원의 제도적 지원이 이루어져야 한

---

2) 사회서비스에서 나타나는 자원봉사의 문제점에 대해서는 제12장 자원봉사와 원조의 한계에서 제시되는 내용을 참조하시오.

다. 자원봉사자를 발굴하고 자원봉사자에게 인센티브를 주는 등 자원봉사 침체 지역에서 자원봉사자가 증가할 수 있도록 유인책을 개발하고, 인근 지역으로 자원봉사자가 이동할 수 있도록 필요한 비용과 편의 제공을 할 수 있어야 한다. 예를 들어, 도시지역의 자원봉사자가 인력이 절대적으로 부족한 농어촌 지역에서 활동하고자 할 경우 비용이 발생하는데, 이를 개인에게 부담시켜서는 안 된다. 아울러 사회서비스에 대한 인식 개선과 홍보를 지원하여 보다 많은 지역주민이 참여하여 지역 서비스의 질을 높이고, 활성화될 수 있도록 함께 하는 것이 중요할 것이다.

무엇보다 중요한 것은 지역사회에 소속된 지역주민이자 시민의 자발적 참여이다. 사회서비스의 질과 삶의 증진을 위해서는 우리 이웃의 안녕과 우리 지역의 문제를 우리가 책임진다는 공적 인식이 필요하고, 이를 양분으로 삼아 적극적으로 참여하고 실천하려는 의지가 무엇보다 중요하다. 매우 당연한 이야기지만, 중앙정부의 제도적 지원과 고급인력 확보, 시민의 참여가 사회서비스뿐만 아니라 지역사회 전체 그리고 그 사회를 이루는 시민의 삶에도 긍정적인 영향을 미칠 것이다.

3. 사회서비스 사례

1) 아동에 접근한 사회서비스

부모가 불화로 이혼을 하고 현재 할머니와 함께 사는 아동이 있다. 이 아동은 어릴 적부터 부모의 잦은 다툼을 보며 자라왔고, 학교에서는 또래를 괴롭히는 등 이른바 학교의 '문제아'이다. 할머니와의 대화가 단절되어 있고, 늘 휴대전화과 컴퓨터 게임을 하는 혼자만의 시간으로 하루를 보낸다.

이 아동을 대상으로 진단을 통한 치료적 설정인 지역사회 내 '심리·정서적 치유서비스'와 인터넷(휴대전화) 중독치유를 위한 '비전형성 체험 프로그램'을 동시에 제공한다. 물론 집에 계시는 할머니에게도 '양육 코칭' 서비스를 병행하였다. 서비스 제공에 있어 지역사회 내 전문인력인 심리상담자격증을 가진 가정주부와 레크리에이션을 직업으로 갖고 있는 자원봉사자가 참여하였다.

서비스 개입 이후, 아동의 변화는 놀라울 정도이다. 아동은 심리적인 상처에 대한 '소통'을 시작하였고, 그로 인해 사회에 대한 부정적인 인식이 변화되기 시작하였다. 가정과 학교 모든 부분이 변화하고 있다. 이는 아동 한 명의 변화를 포함한 가정에 대한 변화와, 나아가서 지역사회 내 안정화라는 긍정적인 변화를 가져왔다고 할 수 있다.

2) 노인에 접근한 사회서비스

치매·중풍 노인 대상으로 자원봉사 지역주민단체가 맞춤형 자원봉사자로 변신을 하였다. 지역 내 노인전문요양시설을 각 단체별로 매월 순번을 정해 방문하여 치매나 중풍 등 노인성 질환을 앓고 있는 어르신들에게 1:1 맞춤 봉사로 작은 희망을 전달했다. 또한 맞춤형 자원봉사가 일회성 봉사가 되지 않도록 정기적으로 도움이 필요한 어르신들에게는 노인시설을 꾸준히 방문하여 어르신 18명과 1:1로 짝을 맺고 말벗과 식사 보조, 공원 산책 등 어르신들이 필요로 하는 '정서지원 서비스'로 봉사활동을 실시하였다.

어르신들의 정서적 안정은 물론 생활 전반에서 도움이 되었을 뿐만 아니라 봉사에 참여한 지역주민은 "바쁘다는 핑계로 효도할 기회가 없었으나, 내 부모를 대신하여 효도한다는 안도감과 특히, 어르신과 산책하며 사람에 대한 그리움을 해소시켜 주고 정신건강 회복에도 많은 도움이 되는 것 같다."라며 봉사자로서의 자부심과 함께 시골에 계신 부모님에게 하지 못한 효도를 이웃에게 실천하며 마음의 위안을 받고 있다 하였다.

 생각해 볼 문제

1. 사회서비스란 무엇이고 왜 필요한 것인가를 정리해 보자.

2. 사회서비스에서 왜 자원봉사의 참여가 중요한가를 생각해 보자.

3. 우리 주변에서 시행되는 실제 사회서비스의 사례를 찾아보고, 자원봉사를 할 수 있는 방법을 찾아보자.

제10장
기부문화와 모금제도

　기부는 돈이나 물품 전달이 주가 되기 때문에 자원봉사자 자신의 육체적 활동에 의지하는 자원봉사활동과는 엄밀한 의미에서 다른 개념이다. 그러나 재능기부에서 보듯이 재능을 기부하는 것이 재능을 자원봉사자의 육체적 활동을 통해 실현된다고 보면, 기부라는 개념을 자원봉사와 완전 별개의 것으로 이해할 필요는 없을 것으로 보인다. 돈을 기부하거나 물품을 기부하는 행위도 제3섹터의 시민사회에서 살아가는 시민의 자발적 참여와 공적 관심의 발현이라면 자원봉사와 본질적 차원에서는 상통하는 맥락이 있다. 이러한 관점에서 기부와 모금제도를 제대로 이해하는 것도 필요하다.

1. 기부와 기부문화

'기부'라는 단어는 불과 20년 전만해도 그다지 일반적으로 사용하는 용어가 아니었다. '기부'보다는 '불우이웃돕기 성금'이라는 말을 더 익숙하게 들었을 것이다. '이웃돕기 성금' 혹은 '수재민 돕기 모금'을 위해 돼지 저금통을 들고 TV에 나와 줄을 선 어린이들을 기억하는 중년층이나 장년층은 더욱 그럴 것이다. 그러나 이제는 현금이나 현물을 나누는 기부는 물론이고, 물질적인 것이 아니더라도 무형의 재능을 나누는 재능기부도 흔히 쓰는 말이 되고 있다. 국어사전에서 설명하는 기부는 '자선 사업이나 공공사업을 돕기 위하여 돈이나 물건 따위를 대가 없이 내놓는 것'을 말하며, 유의어로 기탁, 의연, 증여라는 단어가 있다. 기부문화는 이러한 기부 행위가 활발하게 이루어지고 하나의 문화로서 자리잡아가는 현상을 말한다.

기부와 기부문화는 왜 생겨나고 확산되고 있는가? 1990년대 이후 우리 사회가 경험하였듯이, 경제 규모가 커지고 사회가 다변화되면서 시민을 위협하는 문제나 욕구 역시 다양해지고 있다. 시민은 각종 위험에 노출되고, 그 위험이 시민 스스로 해결할 수 있는 정도나 범위를 넘으면서 국가가 해야 할 역할도 보다 확대되고 다양해지고 있다. 그러나 막대한 예산과 인력을 가진 국가일지라도 양적으로 급팽창하고 질적으로 다양해지는 사회구성원들의 욕구를 충족시키는 데 한계가 있다. 여기에 국가 제도가 가진 특유의 법적·제도적 경직성으로 인해 특수하고 다양한 모든 욕구에 대하여 즉각적으로 대처하는 것은 불가능하다. 이러한 국가 역할의 한계를 보완하기 위해서 비영리 민간조직의 역할이 점점 중요해지고 있다. 그리하여 대부분의 선진국들은 비영리 민간조직에 기부하는 개인·법인·기업에 세금 혜택 등 각종 인센티브를 부여하여 기부행위를 유인하고 있다.

실제로 우리 사회의 비영리 민간조직들은 일반적으로 알고 있는 사회복지 외에도 교육, 문화, 예술, 의료, 환경 등 다양한 영역에서 공익적인 활동을 펼치고 있다. 기부는 민간의 공익적인 활동 가운데 나의 가치와 이념에 맞는 영역에 대해 현금, 현물 및 재능을 나누는 것이다. 또한 기부는 단순한 나눔이 아닌 내가 가진 가치와 신념의 실현을 위한 작은 보탬이라고 할 수 있다.

예를 들면, 부의 양극화를 해소하고 가난한 이들의 인간다운 삶을 돕기 위해서는 사회복지기관에 기부를 하고, 심각한 환경문제가 해결되기를 원한다면 환경단체에 기부를 한다. 우리나라의 정치가 바로 서기를 바란다면 정부, 정치 및 제도를 감시하는 시민단체에 기부를 한다. 의료기술의 발전을 원한다면 의료기관에, 인재양성에 관심이 있다면 대학이나 교육기관에 기부를 한다. 기부는 이렇게 내가 추구하는 가치를 실현하는 영역의 기관이나 단체를 통해 나의 가치와 신념을 이룰 수 있도록 한다. 그리하여 작은 기부가 모여서 생명을 구하고, 제도를 바꾸며, 누군가의 꿈을 이루어주기도 한다.

2. 시민사회와 기부

제3장에서 언급했듯이, 역량 있는 시민사회는 재정적으로 국가와 시장으로부터 독립적이어야 한다. 특히 재정적 독립성은 시민사회조직이 국가와 시장에 대한 견제와 비판자로서의 역할을 제대로 할 수 있는 가장 기본적인 조건이다. 또한 국가나 시장의 간섭이나 제재로부터 벗어나 공익적인 가치와 신념의 실현을 위한 자율적인 판단을 할 수 있다. 예를 들어, 환경문제를 감시하는 환경단체가 조직의 운영비를 특정 기업이나 정부기관으로부터 지원받는다면 기업과 정부기관의 개발로 인한 환경파괴 문제에 대한 강력한 비판과 견제는 불가능할 수밖에 없다. 그러나 시민의 회비와 후원금으로 안정적인 운영이 이루어지는 시민사회조직은 정부기관과 기업에 대해 날선 비판과 견제가 가능하게 된다.

앞서 여러 차례 밝혔듯이, 시민사회의 다양한 욕구와 문제를 해결하기 위해서는 다양한 영역의 시민사회조직에 시민의 자발적인 참여가 이루어져야 한다. 시민으로서 자발적인 참여는 자원봉사와 기부로서 가능하다. 자원봉사활동과 기부행동은 각각 개별적으로 이루어지는 것이 아니라 둘의 관계를 대체재로 보는 시각과 보완재로 보는 시각이 일반적이다.

먼저 자원봉사와 기부는 선택의 문제이기 때문에 둘 다를 선택하기보다는 둘 중 하나를 선택하는 대체재의 관계로 보는 시각이 있다. 이런 관점에서 보면 기부를 하는 사람은 자원봉사를 하지 않고, 자원봉사를 하는 사람은 기부행위를 하지 않게 된다. 반면 보완재로 보는 경우는 자원봉사 행위와 기부 행위가 동시에 선택될 수 있다고 본다. 자원봉사와 기부는 정적인 관계로서 봉사활동을 행할 경우에는 기부도 함께 이루어지는 경향성이 높아지는 보완재의 속성을 가지고 있다는 시각이다. 두 관점에 대한 명확한 조사 결과는 없지만, 현실에서는 자원봉사만 하는 시민도 있고 기부 행위만 하는 시민도 있다. 자원봉사와 기부를 동시에 하는 경우도 적지 않다.

분명한 것은 기부 행위가 자원봉사와 공존하면서 시민사회 혹은 제3섹터를 건강하게 만들고, 나아가 우리 사회와 그 속에서 살아가는 시민의 삶의 질을 높인다는 점에서 본질적으로 차이가 없다. 따라서 시민에게 자원봉사가 권리이자 의무이듯이, 기부 또한 건강한 시민사회를 위한 시민의 당연한 권리이자 의무이다. 자원봉사와 기부는 실천 방법은 다르지만 둘 다 시민사회조직의 자율성과 독립성을 위한 자양분으로서 역할을 하며, 시민사회의 역량을 증진시키는 데 반드시 필요하다는 인식이 필요하다.

3. 기부문화와 참여

1) 우리 사회의 개인기부와 기업기부의 특징

우선, 우리 사회에서 이루어지는 기부의 현황을 살펴보면 다음과 같다. 2015년 한국의 개인기부 현실을 보면, 10명 중 3명은 기부에 참여하고 있으며, 안타깝게도 최근에는 계속 감소 추세에 있다.[1] 연령대별로는 40~50대가 기부 경험이 많고, 물품보다는 현금기부가 많이 이루어지고 있다. 현금기부는 사회복지공동모금회, 유니세프 등 모금단체(56.3%)를 가장 많이 이용하고 있고, 특별헌금·구제헌금 등 종교단체(23.4%), 개인·보육원·양로원·의료기관 등 사회적으로 취약한 대상자에게 직접 주는 경우(15.4%) 순이다.[2] 기부를 한 이들은 1년 동안 현금기부를 평균 7.7회 하고, 평균 기부금액은 31만 원으로 기부자 1인당 기부 횟수와 기부 금액은 증가 추세에 있다.

사람들이 기부에 참여하는 이유는 자원봉사와 마찬가지로 다양하다. 기부와 자원봉사 실태조사인 Giving Korea[3]에 따르면, 기부에 영향을 미치는 내적 동기는 동정심, 사회적 책임감, 개인적 행복감, 종교적 신념 순으로 영향을 주는 것으로 나타났다. 외적 동기로는 대중매체로부터의 자극과 요청, 나눔을 실천하는 가족의 전통과 문화, 경제적 여유, 내가 중요하게 생각하는 사람으로부터의 자극과 요청 등의 순서로 영향을 주는 것으로 나타났다. 반면, 정부가 기부 유인을 위해 실시하는 각종 세제 혜택은 가장 영향을 적게 주는 것으로 나타났다.

---

1) 아름다운재단의 기부문화연구소에 따르면, 2011년에는 성인 10명 중 6명이 기부를 한 것으로 나타났다.
2) 통계청에서는 사회적 관심사항, 삶의 질에 관한 사항 등 사회구성원의 주관적 관심사를 파악하여 사회개발정책의 기초 자료로 제공하기 위해 매년 '사회조사'를 실시한다. 2015년에는 전국 약 18,576 표본가구 내의 만 13세 이상 가구원을 대상으로 복지, 사회참여, 문화와 여가, 소득과 소비, 노동의 5개 부문을 조사하였다.
3) 'Giving Korea'는 아름다운 재단의 기부문화연구소에서 2003년부터 2년 주기로 실시하는 기부와 자원봉사활동에 관한 전반적인 실태조사를 목적으로 하는 조사이다. 기부의 동기에 대한 내용은 2012년 보고서의 통계이다.

〈표 10-1〉 2013년, 2015년 개인기부 현황

구분	기부경험 있음 (%)	기부 형태(%)		현금기부자 1인 당 평균 기부액	현금기부자 기부 횟수
		현금	물품		
2013년	34.6	32.5	5.9	199천원	6.3회
2015년	29.9	27.4	6.2	310천원	7.7회

출처: 사회조사보고서(2015)

기부는 개인만이 하는 것은 아니다. 2000년 이전에는 법인 대 개인 기부의 비중이 70.7:29.3%로 법인 중심의 기부문화가 형성되었으나, 이후 개인기부가 점차 증가하여 2005년에는 39.1:60.9%로 개인기부 중심의 기부문화로 빠르게 변화하였다.[4] 법인의 다수는 기업과 기업출자 재단으로서 기업의 기부활동을 보통 사회공헌활동이라고 한다. 기업의 사회공헌활동은 기업이 사회에 갖는 책임활동(Corporate Social Responsibility: CSR)의 한 형태이다.

기업의 사회공헌활동은 재정적 지원(현금기부)과 비재정적 지원(현물기부, 자원봉사활동, 시설지원) 등 다양한 기업의 자산과 핵심역량을 사회에 투자하여 사회적 가치를 창출하고 지역사회의 역량을 강화하는 동시에 지속 가능한 발전을 도모하는 사회참여 및 투자활동을 말한다. 최근 들어서 사회양극화, 저출산 및 고령화, 실업률 상승으로 인한 각종 사회문제가 심각해지고 사회적 욕구들이 다양해지면서, 국가복지의 증진을 위한 노력의 일환으로 민간부문의 참여와 역할에 대한 기대가 증대되고 있다. 이에 민간부문의 대

---

4) 한국조세연구원(2007)에서 개인과 법인이 세무상 소득공제 혜택을 받기 위해 국세청에 신고한 자료를 간접적으로 추정한 자료를 활용한 통계이다.

표적인 복지공급 주체인 기업(특히, 대기업)들이 사회문제에 대한 책임의식 확대와 경영 전략의 일환으로 사회공헌 활동에 적극적으로 참여하면서 사회공헌에 대한 관심 또한 높아지고 있다.[5]

2015년 주요기업의 사회공헌 지출 규모는 2조 9,020억 원이며, 기업의 전체 매출액 대비 0.19%를 차지하고 있다. 2015년 주요 기업재단의 사업비 지출액은 3조 3,903억 원이다. 이 가운데 대형 병원을 운영하는 의료재단이 포함되어 있어 의료보건 분야가 지출액의 약 90%를 차지하고 있다.[6]

〈표 10-2〉 2015년 주요 기업의 분야별 사회공헌 지출 및 프로그램 비율(%)

	취약계층지원	교육·학교·학술	문화예술·체육	해외지원	환경보전	의료보건	기타[7]
지출비율	33.5	17.5	16.4	3.7	1.3	1.6	26.0
프로그램비율	39.7	21.4	9.1	4.5	7.0	7.9	10.4

주: 대표 프로그램 680개 기준, 중복응답 포함
출처: 2016년 주요 기업·기업재단 사회공헌백서

---

5) 「국민신문고」에 게재된 보건복지부가 작성한 '사회공헌'의 의미를 인용하였다(2014. 1.10.).
6) '2016년 주요기업·기업재단 사회공헌백서'는 전국경제인연합회에서 실시한 2015년 기업의 사회공헌활동 실태조사로서 매출액 상위 500대 기업 및 전경련 회원사 중 255개 기업과 62개 기업재단이 응답한 조사 결과이다. 응답기업 중 상위 1~200위 기업이 58.5%를 차지한다.
7) 기타 항목은 전통시장 상품권·협력사 동반 성장 등의 내수활성화, 청년 창업 및 벤처 자립 지원·사회적 기업 등의 사회적 일자리 창출, 도시재생·지역사회간접자본 인프라 조성 등의 일반 대중 대상 프로그램이 포함되어 있다.

우리 기업의 사회공헌활동의 운영 방식별 지출 현황은 기업이 단독 운영하는 자체 공익사업 48.2%, 외부 협찬 및 재해구호금 등 일반기부 38.2%, NPO 등 외부와 협업하는 파트너십이 13.6%로 기업이 내부 전문성을 활용하거나 프로젝트 성과 관리 차원에서 주도적인 역할을 하는 자율적인 프로그램의 비중이 높다. 분야별 지출 현황은 취약계층에 대한 지원이 가장 높고, 교육·학교·학술, 문화예술·체육 순으로 높게 차지하고 있으나 분야는 더욱 복잡하고 다변화되고 있다.

기업 10곳 중 8곳은 기업의 특성과 역량과 연관성이 깊은 분야를 발굴해 기업이 가장 잘할 수 있는 방식으로 지원하는 업(業)연계형[8] 사회공헌 프로그램을 추진하는 것으로 나타났으며, 기업 임직원이 보유한 기술과 지식을 활용하는 봉사활동인 프로보노 활동을 추진 중인 곳도 74%에 달한다. 사회공헌 프로그램의 주요 사업대상은 아동·청소년 분야가 가장 많으며, 사회 일반, 노인 순으로 차지한다. 아동·청소년에 대한 관심은 기업의 미래 인적 자원에 대한 투자라는 면에서 전통적으로 기업의 주요 관심 대상이 되고 있다.

최근의 기업공헌활동은 단순 시혜적인 활동에서 벗어나 기업을 대표하는 사회공헌활동을 통해 기업의 가치와 이미지 제고를 위한 전략적인 공헌활동으로 변화하고 있다. 그 예로 글로벌 사회공헌 활동은 기업의 해외 진출에 있어서 현지인의 해외자본에 대한 거부감 해소와 문화적 차이로 인한 이질감 극복, 현지 주민과의 유대감 형성 등으로 인해 기업의 현지화 전략에 효과적이다.

---

8) '업(業)연계형'이란 생명보험회사의 자살예방사업, 자동차회사의 장애인을 위한 차량개발과 어린이안전교육, 금융회사의 아동 경제교육 등을 말한다.

〈표 10-3〉 2015년 주요 기업의 사회공헌 프로그램 사업대상

	아동·청소년	사회 일반	장애인	노인	환경	다문화가정	여성	사회적기업	기타
비율 (%)	40.1	21.0	9.5	10.4	7.7	2.5	1.2	2.6	4.9

출처: 2016년 주요 기업·기업재단 사회공헌 백서

2) 노블레스 오블리주

노블레스 오블리주(noblesse oblige)는 사회 고위층 인사에게 요구되는 높은 수준의 도덕적 의무를 뜻하는 프랑스 격언으로, 정당하게 대접받기 위해서는 명예(noblesse)만큼 의무(oblige)를 다해야 한다는 것이다. 이 개념은 초기 로마시대 왕과 귀족들의 높은 도덕의식과 솔선수범에서 시작되었다. 이들은 전쟁이 일어나면 자신의 재산을 사회에 환원하고 솔선수범하여 전쟁을 위해 희생하여 시민으로부터 존경을 받았다. 이는 로마 제국의 탄탄한 통치의 기반이 되었다고 한다.

유럽에서 시작된 노블레스 오블리주는 미국으로 건너가 새로운 기부문화로 정착하였다. 1900년대 카네기(Carnegie)와 록펠러(Rockefeller) 등은 거액기부로 재단을 설립하였다. 현대에는 빌 게이츠(Gates), 워런 버핏(Warren Buffett) 등 부자들의 기부로 이어졌다. 현재 미국에는 56,000여 개의 자선단체들이 활동하고 있다.

우리나라에서 노블레스 오블리주의 대표적인 사례로는 '경주 최부자집'이 손꼽힌다. 경주 최부자집은 최치원의 17세손으로 조선시대 경주지방에서 가문을 일으킨 최진립부터 12대 400년 동안 만

[그림 10-1] 경주 최부자 집의 육훈(六訓)

석꾼의 부를 지키면서 '공존과 상생'을 실천하였다. 만 석 이상의
재산은 사회에 환원하라는 '초과이익 분배제', 주변 100리 안에 굶
어 죽는 사람이 없게 하라는 '복지경영' 등 육훈(六訓)을[9] 집안을 다
스리는 교훈으로 삼고 노블레스 오블리주를 실천하도록 하였다.

현대의 한국형 노블레스 오블리주를 표방한 사회지도층을 대상
으로 고액기부자를 발굴하기 위한 활동도 진행되고 있다. 대표적
으로 사회복지공동모금회의 '아너 소사이어티(HONOR SOCIETY)'
는 1억 원 이상의 개인 고액기부자 클럽으로 2007년 12월 시작되
었다. 2017년 4월 현재, 1,535명의 회원이 약 1,694억 원을 기부하

---

9) 육훈은 경주 최부자집의 집안을 다스리는 여섯 가지 교훈으로, ① 과거를 보되 진
사 이상의 벼슬을 하지 말라, ② 만 석 이상의 재산은 사회에 환원하라, ③ 흉년기에
는 땅을 늘리지 말라, ④ 과객을 후하게 대접하라, ⑤ 주변 100리 안에 굶어 죽는 사
람이 없게 하라, ⑥ 시집 온 며느리들은 3년간 무명옷을 입게 하라는 내용으로 되어
있다.

였다. 아너 소사이어티와 같은 고액기부자 클럽은 단순한 고액기부자 확대뿐만 아니라 이를 통해 개인의 기부문화 확산을 도모하고자 하는 목적도 있다. 이는 2015년 사회조사에서 기부문화 확산을 위해서는 '사회지도층과 부유층의 모범적 기부 증대'가 가장 필요하다는 응답이 절반 이상을 차지한 것과 무관하지 않다.

기부문화 확산을 위해서 노블레스 오블리주가 강조되는 한편, 기부문화 자체를 특권 계층의 전유물이 아닌 일반 시민도 함께 참여하는 시민문화의 일환으로 재정의 하는 것이 필요하다. 이에 따라 최근 시티즌 오블리주(citizen oblige)의 개념이 대두되고 있는데 이는 공동체를 위하여 책임을 다하려는 모든 시민의 선한 의지, 즉 시민 개개인이 갖추어야 할 도리와 의무를 말한다.

3) 기부의 참여

금액의 많고 적음과 관계없이 모든 기부자는 자신의 가치와 맞고 꼭 필요한 곳에 기부금이 전달되길 바란다. 사람들은 대중매체를 통해서, 가족이나 지인을 통해서, 종교단체, 시설의 직접 홍보를 통해서 기부처에 대해서 알고 기부 대상을 선택하고 있다.[10] 기부에 참여하는 방법은 매우 다양하다. 모금단체에 정기적인 기부를 하거나 ARS를 통해 일회성의 기부를 하기도 한다. 최근에는 인터넷 포털사이트가 모금단체들의 홍보와 모금의 주요 창구가 되

---

10) 2015년 사회조사에 따르면, 기부대상 인지 경로는 TV · 라디오 · 인터넷 등 대중매체 27.7%, 직장 · 학교를 통해서 24.5%, 종교단체 19.7%, 시설 및 단체의 직접 홍보 18.6%, 가족 · 친구 등 지인의 권유가 8.8%로 나타났다.

고 있다. 예컨대, 네이버(NAVER)의 '해피빈'과 다음 카카오(DAUM KAKAO)의 '같이가치'는 공익 프로젝트를 홍보하고 모금하는 대표적인 모금 플랫폼이다. 이러한 플랫폼은 직접적인 현금기부뿐만 아니라 포털을 이용하는 것만으로도 기부를 할 수 있는 다양한 방법들을 활용하도록 하고 있다.

　기부 자체를 하는 것보다 선행되어야 하는 것은 믿을 수 있는 기부처를 선택하는 것이다. 아름다운 재단의 기부문화연구소는 기부를 계획하는 이들의 기부처 선택에 필요한 내용으로 몇 가지를 제시하고 있다. 기부처를 선택할 시에 개인의 관심사와 맞는가, 도움을 필요로 하는 영역(단체)인가, 믿을 만한 단체인가를 잘 보아야 한다. 신뢰할 수 있는 단체를 선택하는 기준으로는 투명성, 적법성 및 전문성 등 세 가지를 들고 있다.

〈표 10-4〉 신뢰하고 기부할 수 있는 단체의 기준과 확인 방법

기준	확인 방법
투명성	• 홈페이지 방문하기 　• 　- 전년도 연간보고서 또는 연간보고 페이지: 수입, 지출, 회계결산, 기부자 수, 주요 사업 내용 등 공개 여부 　• 　- 대표자, 이사회, 총회, 실무진 조직도, 사무실 주소지 등 기본정보 공개 여부 　• 　- 사업 진행의 기준, 사업 내용 보고 등이 구체적으로 게시되어 있는지 여부 • 기타 방법 　• 　- 국세청 공시 페이지, 해피빈 등을 통한 기본정보 확인하기 　• 　- 전화를 해서 연간보고서나 정기적으로 발송되는 뉴스레터를 받아볼 수 있는지 문의하기

적법성	• 단체의 법적 지위 확인하기 　• 　－ 홈페이지, 전화문의 　• 　－ 법적 지위의 종류: 사단법인, 재단법인, 사회복지법인, 종교법인, 의료법인, 학교법인, 비영리민간단체로 각각의 등록번호가 있음. 등록단체들은 중앙부처, 지자체에 매년 사업보고와 재정보고를 하고 있음 　• 　－ 없을 경우, '임의단체'로 분류되어 법적 의무 이행사항이 없음 • 기부금 소득공제 혜택을 줄 수 있는 기관인지 확인하기
전문성	• 단체의 사업 실적 확인하기 　－ 연간보고서, 홈페이지, 웹에 단체명을 검색하여 사업이력 확인 • 대표자, 실무자의 사업능력 확인하기 　－ 대표자와 실무책임자의 해당영역 업무 경력

출처: 아름다운 재단 기부문화연구소(https://research.beautifulfund.org)

　먼저, 단체의 투명성은 거짓 없이 조직 운영과 재정을 공개하고 있는지 여부를 봐야 한다. 투명성 여부를 판단하기 위해서는 단체의 홈페이지를 방문하여 단체의 연간보고서의 내용을 보고, 조직 구성원 및 사무실 주소지 등의 기본정보가 공개되어 있는지, 사업내용은 구체적으로 게시되어 있는지 등을 확인해야 한다. 그 외에는 국세청 공시 페이지를 통해 기본정보를 확인하거나 전화를 해서 정기적인 뉴스레터 등을 받아볼 수 있는지를 통해서 투명성을 확인할 수 있다.

　다음으로, 적법성은 현행 법의 기준에 따른 의무를 지키고 있는지 여부를 확인해야 한다. 홈페이지 방문 또는 전화문의를 통해 단체의 법적 지위가 법인에 해당하는지, 비영리 민간단체의 등록번호가 있는지 확인할 수 있다. 기부금을 모금할 수 있는 법적 지위가 부여된 단체는 기부금 소득공제 혜택을 줄 수 있다.

끝으로, 전문성은 공익사업을 제대로 수행할 수 있는 능력과 경험을 갖추고 있는지 여부를 보고 신뢰할 수 있는지 판단할 수 있다. 전문성은 단체의 사업 실적, 대표자와 실무자의 해당 영역 경력 등을 통해 단체의 사업 능력을 확인할 수 있다.

기부는 어려운 것이 아니다. 기부할 단체가 신뢰할 만한 단체인가 살펴보고, 전화나 우편, 인터넷 신청 등을 통해 기부하는 것이 아니어도 기부는 가능하다. 생활 속에서 손쉽게 할 수 있는 기부의 방법들이 있다. 길을 가다 잡지 하나를 사도 기부가 되고, 내가 걷기만 해도 기부가 될 수 있다. 즐겨 마시는 커피도 기부가 될 수 있다. 기부를 할 수 있는 방법은 다양하며, 작은 관심을 기울이면 언제든지 참여할 수 있다.

4. 우리나라의 모금제도

1) 모금제도의 변천

우리나라의 기부와 관련된 법령은 1949년 제정된 「기부통제법」이 최초로 제정되었다. 당시 이 법은 기부를 활성화하는 것이 아닌 지방자치단체와 정부의 조세 수입에 막대한 지장을 주는 계획 없는 기부금모집을 통제하기 위해 제정됨에 따라 민간의 기부금품 모금을 금지하였다. 이후 1951년 「기부금품모집금지법」으로 바뀌면서 기부금품모집이 가능한 예외 조항을 만들었다. 국제적인 구제금품, 천재·지변 등의 구휼에 필요한 금품, 국방기재 헌납을 위한 금품 등은 허가를 받아 모금을 할 수 있도록 하였다. 이후에도 상이군경위문품, 체육시설 설치를 위한 금품, 국제기능올림픽대회에 참석할 선수파견을 위한 금품 등 '국가가 필요로 하는 공익사업'으로 1970년까지 필요시마다 예외 조항을 추가하였다. 1996년 「기부금품모집금지법」은 「기부금품모집규제법」으로 개정된 후 2006년 「기부금품 모집 및 사용에 관한 법률(약칭 기부금품법)」로 개정되었다. 기부와 관련된 최초의 법령이 제정된 후에도 선진국과 달리 우리나라에서 민간 기부문화가 활성화되지 못한 이유가 여기에 있다고 할 수 있다.

기부금 모집 행위를 기본적으로 허용되는 행위로 보는 것이 아니라 사회에 위해한 것으로 간주하고 통제의 대상으로 보는 것에서 법의 제정이 출발하였다. 「기부통제법」이 처음 제정된 이후 40년을

[그림 10-2] 기부와 나눔 문화를 만들어 가는 아름다운재단과 대표적인 민간 모금기관인 사회복지공동모금회의 로고

넘게 관련 법의 목적이 기부금품의 모집을 규제하기 위한 것에서 2006년에 비로소 성숙한 기부문화를 조성하고 건전한 기부금품 모집제도의 정착에 기여할 수 있는 방향으로 개정되었다. 그리고 기부금품의 모집이 허가제에서 등록제로 변경되었다.

정부는 법적으로 민간의 기부금품 모금을 제한하면서 한편으로는 민간 성금 모금을 정부가 주도하였다. 그러나 1994년 감사원의 감사 결과, 정부 주도의 불우이웃돕기성금 모금은 법적인 근거 없이 이루어진 부당 모금이라는 문제점이 지적되었다(경향신문, 1994. 2. 23.). 이를 계기로 정부는 성금의 모금과 배분이 완전히 민간 주도로 할 수 있도록 하는 내용을 골자로 하는「사회복지공동모금법」을 제정하고 1998년 7월 법의 효력이 발효되면서 한국의 기부문화는 변화하기 시작했다. 공동모금사업을 관장하기 위해 16개 지방공동모금회와 중앙공동모금회가 사회복지법인으로 설립되었고, 1998년 겨울에 첫 연말집중모금이 실시되었다. 모금회를 통해 모금된 성금은 1999년 민간기관, 단체의 복지사업에 배분되었다. 이후 1999년「사회복지공동모금법」은「사회복지공동모금회법」으로 개정되었다. 그 동안 정부에 의해 강요되었던 모금을 이제는 공동모금제도를 통해 민간이 캠페인을 통해 재원을 마련하고, 필요한 곳에 공정하게 배분할 수 있도록 정부의 역할은 인허가와 감독에 한정하였다.

2) 공동모금제도의 역할과 쟁점

공동모금제도는 사회복지 영역에서 민간자원을 보다 효율적이고 책임성 있게 동원하기 위한 사회전략이며, 공동체 및 지역사회의 문제를 함께 해결해 보고자 하는 목적을 가진다. 공동모금제도는 모금창구의 단일화를 통해 기부자의 참여를 쉽고 편리하게 하여 사회구성원 모두에 의한 나눔의 증진을 가져올 수 있는 제도이다. 또한 새롭게 부상하는 사각지대의 문제에 대해서 정부를 보완하는 기능을 하고, 정부의 역량으로는 불충분함이 있는 문제에 대해서 보충적인 기능을 한다. 공동모금제도는 민간 영역에서 해결할 수 있는 문제에 대해서 각 지역사회별로 우선순위를 설정하여 합리적으로 해결하는 것을 모색하는 제도이다. 공동모금회는 공동모금제도의 속성과 원칙에 기반하여 설립된 민간 자원 구축의 창구시스템이면서 동시에 사회구성원 모두의 참여에 기반해서 정부의 기능을 보충·보완하여 사회문제 해결의 첨병 기능을 수행하는 민간시스템이라고 할 수 있다.[11]

이는 정부의 손이 뻗지 못한 사각지대를 민간이 먼저 지원하고 이후 정부정책으로 반영되어 문제가 해소되면 민간은 새로운 사각지대를 찾아 지원하는 것을 의미한다. 그러나 2008년 이명박 정부 출범 이후부터 민간 주도의 공동모금제의 관치화 논란이 끊임없이 제기되며 국민의 성금이 정부정책을 지원하는 예산으로 전락할 것이라는 우려를 낳고 있다.

당시 보건복지부 장관은 이명박 대통령의 공약인 의료안전망기금 조성과 일맥상통하는 의료구제모금회의 출범을 통한 공동모금회 경쟁체제 도입을 추진하려 하였다. 그러나 이는 국회의 반대로

---

11) 연세대학교 산학협력단, 한국 공동모금제도의 사회적 성과와 발전과제에 관한 연구, 사회복지공동모금회, 2010. pp. 2-3 인용.

무산되었다. 2011년과 2012년에는 현직 보건복지부 과장이 공동모금회의 배분분과실행위원으로 직접 선임되어 배분에 개입하였다. 이 당시 공동모금회 사업 중 복지부의 요청에 의한 사업집행이 120억원에 달했으며, 이 기간 동안 복지부 협력 사업은 주로 '희망키움통장 지원사업'과 '저소득층 자산형성지원사업' 등 자활을 위한 사업으로 정부와 복지부가 대대적으로 선전한 정책사업이었다. 2013년에는 공동모금회가 4대 중증질환과 관련해 저소득층 의료지원 사업비로 300억 원을 책정하고 3년간 1,000억 원 가량을 투입할 계획을 수립하였다. 4대 중증질환 관련 의료비 지원 강화는 박근혜 정부의 핵심공약이며, 공교롭게도 비슷한 시기에 복지부도 300억 원의 예산 규모로 2~3년간 예산 투입 계획을 발표하였다. 또한 두 사업 모두 지원자 선정은 국민건강보험공단이 맡도록 하였다.

이러한 사례들로 인해 국민의 성금이 정부의 쌈짓돈처럼 활용되는 것이 아니냐는 우려는 계속해서 제기되고 있다. 공동모금제도는 과거 정부 주도로 이뤄졌던 성금 모금과 사용의 문제점을 해소하기 위해 독립적인 민간기구인 사회복지공동모금회를 통한 자율적인 모금과 공정한 배분을 한다는 원칙은 지켜져야 한다.

5. 사회복지공동모금회와 지역사회 발전

사회복지공동모금회의 연간 모금액은 1999년 213억 원에서 2014년 5,833억 원으로 비약적으로 증가하였다. 이런 비약적인 증가에는 새로운 모금 방식의 개발과 기업기부의 급속한 성장, 고액 기부자 발굴, 개인기부자의 참여확대 등을 통해 이루어진 결과이다. 배분은 지역사회의 문제해결을 위한 신청사업, 복지사각지대의 사회문제해결 및 제도화를 위한 전문적 시범사업인 기획사업, 재난 긴급구호지원을 위한 긴급지원사업, 특정 대상 및 분야에 지원을 희망하는 기부자의 의도를 반영한 지정기탁사업으로 나누어 이루어지고 있다.

모금액과 배분액 규모의 증가는 배분의 책임성과 경영의 투명성에 대한 요구로 이어졌고, 모금회는 투명성 확보를 위해 시민감시위원회와 사이버신문고 운영, 온라인 경영공시 확대 등으로 시민감시 체계를 통해 신뢰도를 증진하고자 하고 있다.

사회복지공동모금회를 통한 공동모금제도의 발전은 단순한 공동모금과 배분에 그치는 것이 아니다. 공동모금을 통해 사회복지 민간자원의 동력을 개척하고, 나눔문화 확산에 기여하였다. 공동모금제도를 통한 배분의 사회적 성과는 복지대상자 문제해결과 더불어 지역복지 증진, 민간복지 프로그램의 제도화를 이끌어냈다. 매년 신규사업에 대한 지원을 함으로써 민간복지기관, 단체의 혁신 프로그램 발굴과 지원이 이루어졌으며, 이 가운데 쉼터그룹홈 지원사업(2000), 지역사회 알코올 상담센터(2001), 노인학대상담센터(2002), 전동휠체어지원사업(2003), 빈곤가정 위기지원사업(2004), 미신고시설 기능보강사업(2005) 등은 민간 프로그램이 공공영역에서 제도화 된 사례들이다. 사회복지공동모금회의 배분사업의 일환으로 민간에서 발굴된 프로그램이지만 사회적 필요성에 의해 현재는 공공 영역의 복지체계로 자리 잡고 있다.

〈표 10-5〉 생활 속에서의 기부문화에 대한 몇 가지 팁

한 권의 잡지로 노숙인의 자활을 돕다/ 「빅이슈BIG ISSUE」 구매하기

1991년 영국에서 창간한 「빅이슈」는 대중문화잡지로서 「빅이슈」 판매원은 모두 노숙인으로 구성되며, 판매 권한도 그들에게만 있다. 잡지 한 권당 가격은 5,000원이고 그중 절반인 2,500원은 판매원에게 돌아가며, 6개월 간 판매를 하고 꾸준히 저축을 하면 임대주택 입주 자격을 준다(빅이슈, http://www.bigissue.kr).

한 걸음 한 걸음이 모여 희망을 전달하다/ '빅워크(bigwalk)' 로 운동하기

'빅워크'는 일상생활 속에서 언제 어디서나 걸을 때 켜 놓으면, GPS가 걸은 걸음만큼 측정하여 기부금을 적립하는 애플리케이션이다. 10m에 1원씩 적립되는 기부금은 사회공헌활동에 참여하는 기업의 사회공헌 비용으로 지급되며, 걸을 수 없는 아이들에게 의족, 특수휠체어, 수술비등으로 지원된다(빅워크, http://bigwalk1022.cafe24.com).

개발도상국 사람들의 권리를 보장하는 '공정무역' 제품 사용하기

공정무역은 경제선진국과 개발도상국 간의 불공정한 무역으로 발생하는 구조적인 빈곤문제를 해결해 나가려는 세계적인 시민운동이자 사업이다. 개발도상국의 생산자들이 환경에 부담을 덜 주고 생산한 믿을 수 있는 제품에 대해 합당한 대가를 지불함으로써 그들의 삶과 지역사회의 지속 가능한 발전에 기여한다(공정무역연합, http://fairtradekorea.net).

출처: 서울문화재단 블로그(http://blog.naver.com/i_sfac)

생각해 볼 문제

1. 길에서 보는 노숙인에게 돈을 주는 것을 과연 기부라고 할 수 있는지 논의해 보자.

2. 우리나라 사람들이 많이 기부하는 기부처 가운데 종교단체가 두번째로 많다. 종교적 성격의 헌금을 기부금으로 인정하는 것에 대해 어떻게 생각하는가?

3. 정부에서는 기부문화를 확산시키기 위한 각종 정책을 펼치고 있다. 기부라는 민간의 활동을 정부가 확산시키고자 하는 이유가 무엇인지 생각해 보자.

제11장
국제 자원봉사활동

　자원봉사는 국내에서만 이루어지지 않는다. 현재 우리나라도 수많은 자원봉사자들이 해외에 나가 어려운 글로벌 이웃들을 돕고 있다. 또한 한국국제협력단(KOICA) 같은 전문 조직들이 체계적으로 해외원조와 자원봉사를 관리하고 있다. 우리나라는 국가적으로는 OECD 산하 개발원조위원회(The Development Assistance Committee: DAC)의 회원으로서 원조를 제공하는 국제적 위상을 가지게 되었다. 글로벌 시대를 살고 있는 우리 국민은 시민으로서 국내 자원봉사에 참여하는 것과 함께 해외 원조나 해외 자원봉사에 참여할 수 있는 범인류적 시각과 안목을 가져야 한다. 이것은 과거에 도움을 받았던 나라의 국민으로서의 도리이며, 미래에 우리나라가 글로벌 지도국으로 자리 잡는 데 필요한 현실적 소명이기도 하다.

1. 국제 자원봉사활동의 이해

국제 자원봉사(International Voluntary Service: IVS)는 "국제사회를 위한 자원봉사에 자발적으로 참여하는 활동으로 언어, 종교, 정치, 사회경제적 장애를 뛰어 넘어 자신의 시간, 능력, 에너지를 사용하여 사회변화, 경제발전, 환경보전 등을 실천하는 것"(류기형 외, 2013: 429)이다. 국제 자원봉사는 국내에서 이루어지는 자원봉사가 전 세계적으로 확장된 것이라고 할 수 있다. 국제 자원봉사는 세계 각지에서 모인 자원봉사자들이 함께 일정 기간 동안 생활하면서 그 지역의 환경, 개발, 의료, 건축, 교육, 행정지원, 아동지원, 긴급구호 등 여러 분야에서 봉사활동을 하는 것이다. 국제 자원봉사활동은 특히 개발도상국의 경제적·사회적 발전에 크게 기여하고 있다.

국제 자원봉사활동은 세계 시민의식 양성을 위한 살아 있는 체험학습의 장이라는 측면에서 굉장히 가치 있는 경험이 될 수 있다. 국제 자원봉사활동은 세계 시민으로서 상호 협력하는 활동이기 때문에 다른 문화와 역사적 배경을 가진 사람을 한 인간으로서 존중하고 이해하며 인정할 수 있는 의식을 가질 수 있다(서홍란, 박정란, 2014: 143-144). 또한 국제 자원봉사활동은 인류공동체를 위해서 여러 국제사회의 문제를 해결하는 데 적극적으로 참여함으로서 국제사회에 공헌할 수 있다(류기형 외, 2013: 430). 이 밖에도 국제 자원봉사활동을 통하여 다양성과 보편성에 대한 인식, 공동체 의식의 함양, 개인의 변화와 성장 등 여러 긍정적인 효과를 기대할 수

있다.[1)]

국제 자원봉사활동을 하는 데 있어서 특히 현지 적응 과정은 매우 중요한 부분이다. 국제 자원봉사활동에서 언어의 장벽뿐만 아니라 현지인과의 문화적 차이로 인한 어려움을 경험하고 있기 때문에 다른 문화를 이해하고 포용할 수 있는 적응 능력이 필요하다고 할 수 있다(오단이, 2014).

우리나라는 2009년 11월 OECD의 개발원조위원회(DAC)에 가입하였다. OECD/DAC는 전 세계 원조의 90% 이상을 제공하고 있는 선진공여국들의 모임이다. 이로써 우리나라는 원조를 받던 나라에서 원조를 제공하는 나라가 되었다. 즉, 원조를 제공하는 선진국으로서의 첫발을 내딛게 된 것이다. 1950년 한국전쟁 발발 이후 1990년대 중반까지 원조를 받아왔던 우리나라는 원조 수혜국에서 공여국으로 전환한 유일한 국가이다. 이는 세계적으로 유일한 사례이며 돋보이는 개발 원조의 역사이다.[2)] 이제 우리나라도 국제사회 시민의 일원으로서 국제사회의 빈곤감소와 경제사회 발전을 위해 국제 자원봉사활동에 적극적으로 활동하고 있다.

---

1) 월드프렌즈코리아 홈페이지(http://www.worldfriendskorea.or.kr)에서 인출
2) 월드프렌즈코리아 홈페이지(http://www.worldfriendskorea.or.kr)에서 인출

2. 국제 자원봉사 조직과 기구

1) 해외 국제 자원봉사 조직과 기구

본격적인 국제 자원봉사의 시초는 국제워크캠프(International Workcamp)이다. 국제워크캠프는 1920년 제1차 세계 대전이 끝난 후 폐허가 된 프랑스 마을을 복구하기 위해서 스위스인 피에르 세레솔(Pierre Ceresole)의 주도에 의해 유럽의 각국에서 온 젊은이들이 함께 모여 시작되었다. 국제워크캠프는 당시 전쟁의 폐허를 딛고 재건과 화합을 도모하며 서로에 대한 이해와 사랑을 회복하고자 하는 젊은이들의 적극적인 평화운동으로 시작되었으며, 이러한 의미가 현재까지 이어지고 있다. 세계의 젊은이들이 공동체를 위해서 함께 일함으로써 국경을 넘어 분열을 막고, 더 나아가서 미래의 분쟁도 막을 수 있을 것이라는 믿음이 국제 자원봉사단(International Voluntary Service: IVS)을 탄생시켰다.[3]

1970년 설립된 세계자원봉사연합회(International Association for Volunteer Effort: IAVE)는 70개국 이상의 국가에서 자원봉사자와 자원봉사단체의 글로벌 네트워크를 지원하며 자원봉사활동의 활성화를 추진하는 대표적인 민간협의체이다.[4] 유엔(UN)은 1971년 유엔자원봉사단(United Nations Volunteers: UNV)을 창설하였는데, 자원봉사를 통해 평화와 발전에 기여하고 있다. 모든 사람이 평화와

---

3) 국제워크캠프 홈페이지(http://www.workcamp.org)에서 인출
4) 세계자원봉사연합회 홈페이지(http://www.iave.org)에서 인출

발전을 위해 자신의 시간과 에너지를 기여할 수 있도록 자원봉사를 통합하고 전 세계 자원봉사자에게 전략적인 조언을 제공하고 있다. 특히 인터넷을 통해 서비스와 조언을 제공할 수 있는 온라인 자원봉사 서비스를 운영하고 있다.[5] OECD 회원국 가운데 우리나라, 미국, 독일, 룩셈부르크, 벨기에, 일본(총 6개국)은 정부가 직접 해외봉사단[6]을 파견하고 있고, 그 외 다른 국가들은 NGO 혹은 NGO 네트워크를 통해 해외봉사단을 파견하고 있다.[7]

2) 한국국제협력단[8]

한국국제협력단(Korea International Cooperation Agency: KOICA)은 1991년 우리나라와 개발도상국가와의 우호협력 관계 및 상호교류를 증진하고 이들 국가들의 경제사회 발전 지원을 통해 국제협력의 증진에 기여하기 위한 목적으로 설립된 정부 무상원조 전담기관이다. KOICA는 2017년 5월 현재 해외 44개국[9] 44개 사무소

---

5) 유엔자원봉사단 홈페이지(http://www.unv.org)에서 인출
6) 미국(Peace Corps), 독일(Deutscher Entwicklungsdienst: DED), 룩셈부르크(Junior Technical Assistant: JTA), 벨기에(L'idée du Service Volontaire à la Coopération au Développement: SVCD), 영국(Voluntary Service Overseas: VSO), 일본(Japan Overseas Cooperatioin Volunteers: JOCV), 노르웨이(Fredskorpset: FK), 뉴질랜드(Volunteer Service Abroad: VSA), 네덜란드(Stichting Nederlandse Vrijwilligers: SNV), 덴마크(Mellemfolkeligt Samvirke: MS), 캐나다(Canadian University Services Oversea: CUSO), 프랑스(Association Francaise des Voluntaros du Progres: AFVP), 호주(AVI, VIDA), 스위스(Swiss Agency for Development and Cooperation: SDC), 스웨덴(FORUMSYD), 이탈리아(focsiv)
7) 월드프렌즈코리아 홈페이지(http://www.worldfriendskorea.or.kr)에서 인출
8) 한국국제협력단 홈페이지(http://www.koica.go.kr)에서 인출
9) 아시아 14곳(네팔, 동티모르, 라오스, 몽골, 방글라데시, 베트남, 솔로몬군도, 스리랑

[그림 11-1] KOICA의 지원으로 이디오피아에 'Iteya 초등학교'를 짓고 개교 기
념식을 하고 있다. 이곳에 초등학교를 만드는 과정에서 내전으로
인한 치안불안과 같은 온갖 어려움 속에서 수많은 한국의 자원봉
사자들이 땀을 흘렸음을 기억해야 한다.

를 두고 우리나라의 경제발전 경험을 효과적으로 개발도상국에 전
파하여 개발도상국의 빈곤 감소와 경제사회 발전에 기여하고자 여
러 사업을 전개하고 있다.

(1) 나라별 협력

협력대상국의 경제·사회발전 및 복지 향상 등 특정 개발 목표

카, 아프가니스탄, 인도네시아, 캄보디아, 파키스탄, 필리핀, 피지), 아프리카 16곳
(가나, 나이지리아, 르완다, 모잠비크, 에티오피아, 우간다, 카메룬, 콩고민주공화국,
코트디부아르, 케냐, 이집트, 모로코, 세네갈, 탄자니아, 튀니지, 알제리), 중남미 8곳
(볼리비아, 콜롬비아, 파라과이, 페루, 과테말라, 에콰도르, 엘살바도르, 도미니카),
중동·유럽 독립국가연합 6곳(아제르바이잔, 우즈베키스탄, 이라크, 팔레스타인, 요
르단, 키르기스스탄)

의 달성을 위하여 물적 협력 수단과 인적 협력 수단을 패키지화하여 다년간(2~5년 등) 지원하는 사업을 한다.

(2) 글로벌 연수

개발도상국의 지속가능한 개발에 필요한 기술 습득과 역량 개발을 지원하기 위해 개발도상국의 기술 인력, 연구원, 공무원 등을 대상으로 우리의 개발 경험 및 기술을 공유하는 사업을 한다.

(3) 해외봉사단 파견

개발도상국에 파견된 우리 국민이 현지 주민과 함께 생활하며 개발도상국의 경제사회 발전에 실질적으로 기여하는 사업을 말한다. 이를 통해 우리의 청년 및 장년들이 교육 및 직업훈련, 보건의료, 농촌개발 등의 다양한 분야에서 개발도상국의 인력 양성 및 기술 이전에 참여하고 있다.

(4) 인도적 지원

해외 재난 발생 시 피해를 최소화하고, 고통을 경감하며, 재난 피해자국 국민이 재난 발생 이전의 삶으로 돌아갈 수 있도록 대한민국 해외긴급구호대(KDRT) 파견, 현금·현물 지원, 인도적 지원 민관협력 사업 등을 수행하고 있다.

(5) 민관 협력

개발도상국의 빈곤 완화와 복지 증진을 위해 활동하고 있는 국내외 민간단체의 해외원조사업을 지원해 주고 있다. 민간단체를 통한 원조는 민간부문의 전문성과 경험, 개발도상국 지역사회화의 유대관계 등을 활용하여, 정부 차원의 공적개발원조사업을 보완할 수 있으며, 국민의식·국제화에 기여하는 국민참여형 개발원조사업이다.

(6) 국제기구 협력

지속 가능 개발 의제 달성 등 전지구적 개발 과제 해결에 적극 동참하고자 다양한 국제기구들과 함께 개발사업을 추진하고 있다. 또한 우리의 직접 사업 수행이 어려운 분쟁 및 취약국에서 국제기구의 전문성과 현지 네트워크를 활용해 사업을 지원한다.

3. 국제 자원봉사의 참여 방법: KOICA를 중심으로

세계는 지구촌(world village)이라는 말처럼 세계는 지구 전체를 한 마을로 여기는 하나의 지역적 공간이 되었다. 인권, 빈곤, 환경, 테러 등 주요 국제 문제들은 한 국가만이 아닌 국제사회 모두가 힘을 모아야 해결할 수 있다. 그러므로 국제 자원봉사활동을 통해서 국제 사회의 문제해결을 위해 책임과 의무를 다하는 것은 바람직한 일이다. 국제 사회에 발생하는 여러 문제들을 해결하기 위해 국제적인 기구들은 더욱 적극적으로 국제 자원봉사활동을 활성화하고 있다.

해외봉사단파견사업의 목적은 다음과 같다. 첫째, 개발도상국 현지 주민의 삶의 질 개선이다. 기술 이전, 우리 개발 경험 전수를 통한 소득 수준 향상 및 생활환경 개선을 목적으로 한다. 둘째,

대(對)개발도상국 우호협력 관계 및 양국 국민의 상호 이해 증진이다. 우리의 기술·문화 전달 및 상대국의 문화 등을 이해하는 목적이다. 셋째, 해외봉사활동 경험의 사회 환원이다. 봉사활동 경험의 사회 환원으로 해외봉사에 대한 국민 공감대 형성을 목적으로 한다.

해외봉사단파견사업은 개발도상국 주민들과 함께 생활하며 그들의 경제사회 발전에 실질적으로 기여하기 위한 사업이다. 교육 및 직업교육, 농수산업, 보건, 위생, 농촌개발 분야에서 봉사활동을 통해 개발도상국의 경제사회 발전에 필요한 기술 인력 양성 및 기술 이전에 우리의 청장년 인력이 참여하는 기회가 되고 있다.

1) KOICA 해외봉사단의 참여 방법

KOICA 해외봉사단(World Friends Korea: WFK)[10]은 '나눔을 배움을 통한 인류의 공동번영'이라는 비전하에 설립된 우리나라 해외봉사단 통합 브랜드이다. KOICA 해외봉사단은 도움의 손길을 기다리는 지구촌 이웃들과 우리의 발전 경험을 나누고 그들의 경제사회 발전을 지원하는 활동으로, 개발도상국에 대한 주요 무상원조사업의 하나로 외교통상부 산하기관인 한국국제협력단(KOICA)에서 담당하고 있다. 1990년 9월 네팔, 스리랑카, 인도네시아, 필리핀 등 아시아 4개국에 44명을 최초 파견한 이후 2011년 말 기준으로 8,700여 명이 전 세계 개발 현장에서 활동하였으며, 2013년

---

10) 한국국제협력단 홈페이지(http://kov.koica.go.kr/ 2015. 7. 6.)에서 인출

1월 기준으로 개발도상국 46개국에서 1,600명이 활동하고 있다. KOICA 해외봉사단은 만 20세 이상 대한민국 국민이면 누구나 지원할 수 있으며, 일정한 자격을 갖춘 병역의무자들이 해외봉사활동을 하는 국제협력요원제도도 운영하고 있다.

(1) 모집 및 자격

해외봉사단은 직종별로 모집하며 해당 직종에 대해 객관적으로 입증할 수 있는 전문성(전공, 자격증, 경력 등)을 갖추고 있어야 한다. 대부분의 직종은 전공, 자격증, 경력 세 부분 중 일부의 요건만 갖추어도 지원이 가능하다. 다만, 일부 직종(간호, 물리치료 등)에 지원하기 위해서는 필수자격증 중 하나를 반드시 취득해야 지원이 가능하다는 점을 유의해야 한다(〈표 11-1〉 참조).

〈표 11-1〉 KOICA 해외봉사단의 분야 · 직종 · 필수자격증

분야	직종	필수자격증
공공행정	사회복지	사회복지사
교육	미용교육	미용사
	사서	정사서/준사서/사서교사
	요리	한식/복어/양식/일식/제과/제빵/중식조리기능사 이상
	유아교육	유치원정교사/보육교사
	제빵/제과	제빵/제과 기능사 이상
	체육교육(태권도)	태권도 4단 이상, 태권도사범자격증
	초등교육	정교사(초등교육)
	특수교육	정교사(특수교육)

	한국어교육	정교사(국어)/한국어교원자격증/한국어교원양성과정 120시간 수료
보건		
	방사선	방사선사
	물리치료	물리치료사
	임상병리	임상병리사
산업에너지	용접	용접, 용접산업, 제관, 제관산업, 특수용접, 판금, 판금산업, 판금제관기능사 이상

(2) 선발 및 교육

해외봉사단원은 전공, 자격증, 경력 등의 서류심사와 일반면접과 인성검사, 신체검사와 신용조회 결과로 최종 선발한다. 해외자원봉사단원은 선발된 예비단원을 대상으로 6주간 합숙훈련을 실시하고 최종 파견자를 선발하게 되고, 파견 후에는 현지적응교육이 8주간 실시된다.

(3) 지원

지원 내역 중에서 경비지원을 보면, 우선 전원 합숙으로 진행되는 국내교육 기간 동안 소정의 국내교육수당과 교육에 필요한 피복이 제공된다. 또한 교육기간 및 출국 전 발생할 수 있는 각종 상해와 질병에 대비하여 보험과 함께, 출국 전에 파상풍, A형 간염, 장티푸스, 독감, 황열병 등에 대한 예방접종을 지원한다. 파견 시에는 출국 시 항공료, 화물탁송료 및 출국준비금이 별도로 지급되며, 여권 및 비자 발급을 지원한다.

봉사활동 중에는 파견 후 활동 기간 동안 현지의 물가 수준을 고려한 현지생활비(415~625달러)가 매월 지급되며, 파견국으로부터 주거를 제공받지 못할 경우에는 현지 물가를 반영한 주거비가 매월 지급된다. 시니어봉사단원[11]의 경우, 현지생활비는 일반 봉사단원의 2배, 주거비는 일반 봉사단원의 1.5배를 지급 받는다. 봉사단원은 현장사업을 통해 활동 기관 및 현지 주민의 역량 강화는 물론, 더 나아가 파견국의 개발목표 달성에 기여할 수 있다. 귀국 시 항공료, 화물탁송료, 그리고 현지 생활비 1개월 분에 해당하는 귀국 준비금을 지원해 준다.

해외에서 봉사단 활동을 마치고 귀국을 하면 정착, 취업, 해외봉사 재참여와 관련하여 다음과 같은 지원이 이루어진다.

① 국내정착지원금

임기를 무사히 마치고 귀국한 일반 단원에게는 원활한 국내 정착을 돕기 위해 활동 기간 동안 매월 50만 원을 적립하였다가 귀국 후 국내정착지원금을 일시불로 지급한다.

---

11) KOICA 단원형태별 구분은 다음과 같다.
   ① 일반봉사단원: 만 20세 이상 대한민국 국민으로 지원직종에 대한 전문지식, 기술을 보유한 자를 대상으로 한다. 남자의 경우 군미필자는 지원이 불가능하다. 파견기간은 현지적응교육기간을 포함하여 총 2년이다.
   ② 시니어봉사단원: 만 50세 이상 대한민국 국민으로 지원직종 경력 10년 이상인 자를 대상으로 한다. 파견 기간은 일반 단원과 마찬가지로 총 2년이다.
   ③ 기타(산학협력봉사단원, KOICA-NGO 봉사단원): 산학협력봉사단원은 KOICA와 산학협정을 체결한 일부 대학에서 대학 내 추천 전형을 통해 선발되며 팀을 구성하여 실습 위주로 활동하게 된다. 그리고 KOICA-NGO 봉사단원은 KOICA의 지원으로 국내 민간단체(NGO)를 통해 파견되어 활동하게 된다.

② 취업지원

KOICA 귀국 단원의 해외봉사활동을 통해 얻어진 현지어 능력, 활동 역량, 경험 등을 사회에서 활용할 수 있도록 취업지원센터를 운영하고 있다. 전문 컨설턴트가 취업상담 및 이력서·면접 컨설팅 등을 진행한다.

③ 협력사업 재참여 지원

임기 만료 귀국 단원에게는 한국국제협력단 신입직원 채용 시 가산점을 부여하며, 최종 채용 확정 시에는 봉사단 활동기간을 경력으로 인정한다. 뿐만 아니라, 귀국해외봉사단원의 모임인 한국해외봉사단원연합회(KOVA) 및 국내 지역별 커뮤니티가 조직되어 있으며, 협력단에서는 이들의 활동을 지원하고 있다.

④ 귀국단원 장학제도 운영

해외봉사단원이 봉사활동 경험을 활용하여 개발협력 전문가로 성장할 수 있도록 지원하고자 귀국단원 장학제도를 운영하고 있다. 봉사활동 분야·지역 및 국제개발협력 관련 전공의 국내외 소재 대학원에 재학 중이거나 입학 예정인 귀국 단원이 선발되는 경우, 학비의 75%(연간 1천만 원 한도)를 지원받을 수 있다.

4. 국제 자원봉사활동 사례

1990년대부터 해외자원봉사를 실천하고자 하는 사람들의 참여가 지속적으로 늘고 있으며, 해외봉사활동에 참여할 수 있는 방법도 점차 다양해졌다. 정부지원 봉사단, NGO, 기업, 학교를 통해서 단기 또는 장기 해외봉사를 체험할 수 있는 길이 열려 있다.

다음의 국제 자원봉사활동 사례는 해피무브[12] 11기 활동(2013년)을 한 부산시 D대학교 사회복지학과 학생의 진솔한 체험수기이다. 수기의 주인공은 해외봉사활동을 통해 세계 속에서 몸으로 부딪혀 세상을 배우고 더 커진 자신을 확인했다고 한다. 인류 모두가 행복해질 수 있는 방법을 고민하고 있는 학생이라면 수기의 주인공처럼 해외봉사활동에 참여해 보는 것을 진지하게 고민하는 것도 보람 있는 삶을 사는 데 도움이 될 것이다.

〈사회복지학과 C학생〉

'와나깜' 두 손 모아 밝게 인사해 주던 인도 아이들의 모습이 지금까지도 생각난다. 나는 대학생이라면 누구나 한 번쯤 꿈꾸는 해외자원봉사를 통해 내 삶에서 잊을 수 없는 소중한 시간을 '인도 첸나이'에서 보내고 왔다. 1학년 때부터 해피무브에 지원했지만 첫 단계 자기소개서부터 떨어졌다. 하지만 이번에는 솔직하고 꾸밈없이 글을 쓴 결과 최종 합격하였다. 정말 기뻤고, 살면서 한 번

---

12) 현재 현대자동차그룹은 1년에 두 차례, 여름 방학과 겨울 방학 기간을 이용하여 각각 500여 명씩 '해피무브 글로벌 청년 봉사단(Happy Move Global Youth Volunteers)'을 선발해 운영하고 있다. 대한민국 국적의 만 18세 이상 2년제 혹은 4년제 대학 재학 또는 휴학생은 누구나 응모가 가능하며, 서류심사 · 면접심사를 통해 선발된다. 선발된 후 일정 기간 동안 오리엔테이션을 거쳐 해외로 파견되며, 각 나라의 특성에 맞게 환경 봉사, 지역 봉사, 의료 봉사, 요리 봉사 등의 봉사활동을 펼친다(http://youth.hyundai-kiamotors.com).

도 외국을 가 본 적이 없었기 때문에 모든 것이 설렜다. 다른 피부색을 가진 사람들을 만난다는 것, 새로운 언어를 배우고, 새로운 문화를 경험 할 수 있다는 것 등 모든 것이 기대되었다.

최종 합격한 전국 각지의 대학생들이 23명씩 팀을 이루어 2박 3일 동안 친목을 다지며 인도에 가서 하게 될 노력봉사, 교육봉사, 문화교류에 대한 계획을 짜는 시간을 가졌다. 나는 사회복지학과에 진학해서 초등학교, 중학교 학생들 교육봉사 멘토링을 하면서 쌓은 경험을 바탕으로 팀에 도움이 되기 위해 교육봉사 팀장을 맡았다. 교육봉사 팀원들과 둘러 앉아 밤새도록 교육 프로그램을 짜면서 많은 생각과 정보들을 나눌 수 있어서 좋았고, 부족하지만 전반적인 프로그램 틀을 완성하고 교육 물품들에 대한 예산을 짜서 물품 구매까지 하였다. 생각했던 것 이상의 섬세함과 준비가 필요했다.

교육봉사와 함께 문화교류를 위해 사물놀이, 타밀댄스, 태권도, 방송댄스 팀으로 나누었는데, 나는 몸이 유연한 편은 아니지만 인도를 제대로 느껴 보기 위해서 인도의 전통 춤인 타밀댄스에 도전하였다. 타밀댄스를 준비하면서 지금까지 내가 못해서 피하기만 했던 여러 부분들을 한 번 도전해 봐야겠다는 자신감도 생겼다.

인도로 떠나기 전 인천공항 근처에서 MT를 하며 마지막 준비를 하였다. 한 방을 가득 채운 캐리어들을 보니 그때부터 정말 실감이 났다. 싱가포르를 거쳐 오랜 시간 끝에 드디어 인도 첸나이에 도착했다. 첸나이에 첫 발을 내 딛는 순간, 덥고 습한 느낌과 함께 인도에서 본 충격적인 장면은 한국에서는 상상할 수 없는 도로교통이었다. 말로 표현 못할 정도의 복잡함과 끊임없는 경적소리, 중앙선을 이탈하는 운전에 눈을 뗄 수 없었다.

다음 날 아침식사로 향신료가 든 카레를 먹었는데 예상대로 입맛에 맞지 않았다. 포크가 있어서 다행이다 싶었는데, 저녁때부터는 모두가 손으로 밥을 먹게 되었다. 처음은 정말 낯설었지만 시간이 지나면서 손으로 밥 먹는 것이 당연하게 느껴질 정도로 익숙해졌다. 먹는 것만큼 씻는 것, 자는 것도 시간이 흐르니 점차 익숙해졌다. 땀 흘려 노력봉사를 하고 돌아와 누런 녹물에 씻어도 물이 나온다는 것에 감사했고, 열악한 환경 속에서도 누워 잘 곳이 있다는 것에 감사했다.

며칠이 지난 후 본격적으로 우리 팀이 배정받은 마을에서 자원봉사활동을 시작하였다. 나는 문화, 미술, 체육, 과학 등 분야별로 준비해 온 교육 프로그램들을 정하고, 학생 인원에 맞게 준비물 챙기기와 프로그램을 함께 진행 할 팀원들을 뽑는 교육봉사를 맡았다. 현지인 팀원에게 영어로 이야기하면 아이들에게 타밀어로 통역을 해 주는 방식으로 프로그램이 진행되었다. 프로그램 진행 시간도 오래 걸렸고, 아이들의 들뜬 행동을 제대로 통제하지 못해 많이 힘들었다. 인도로 떠나기 전에 상상했던 교육봉사가 아니라 많이 힘들었지만 하루 이틀 지나다 보니 현실에 적응하게 되었다. 미리 생각해 둔 교육봉사를 실시하지 못할 경우 다른 것으로 대체하면서 하나씩 맞추어 나갔다. 무엇보다 언어의 장벽을 어떻게 넘어야 할까에 대해 고민이 컸는데, 함께 했던 어린아이들과 현지인 팀원들에게 타밀어를 배우고 한국어를 가르쳐 주면서 간단한 의사소통을 할 수 있었다. 그리고 국적을 뛰어넘어 사람과 사람 사이에 언어로만이 아닌 서로의 눈빛과 마음으로도 소통할 수 있다는 것을 배웠다.

교육봉사가 없는 날에는 팀원들과 함께 노력봉사를 하였다. 말 그대로 몸으로 노력하는 봉사였다. 화장실 보수공사와 마을 환경 개선을 위해서 벽돌과 모래 나르기, 페인트 칠하기, 땅 파기 등 더운 날씨에 땀을 흘리면서 고생을 했지만 옆에 있는 팀원들이 서로 파이팅을 외치면서 힘이 되어 주었다. 한국에서 농담으로 해피무버가 되려면 삽질을 잘해야 한다는 말을 들은 적이 있었는데, 직접 삽질, 괭이질을 하면서 그건 농담이 아니었다는 것을 알았다. 일을 할 때 사용하는 도구들이 많이 부족해서 답답하고 아쉬웠지만 이 것 또한 인도의 문화라는 생각이 들었고, 깨끗하게 바뀐 환경들을 보면서 기계가 아니라 우리 팀의 인력으로 이루어진 것이라 뿌듯함은 두 배가 되었다.

13박 14일 동안 교육봉사, 노력봉사 외에도 서로 문화를 교류하는 시간도 있었다. 하루는 마을에 큰 축제가 열려 인도의 전통 의상인 사리를 입고 마을 주민들 집에 초대를 받아 대접도 받고, 인도 전통 음식을 만드는 것도 구경을 할 수 있었다. 인도의 전통악기와 한국의 사물놀이 소리가 함께 어울려 울리던 소리는 정말로 신명났다. 그리고 한국으로 떠나오기 전 한국에서부터 준비하고 인도에서도 매일 저녁식사 후 2~3시간 동안 열심히 준비 했던 타밀댄스, 태권도, 방송댄스 등을 현지인들과 하나씩 번갈아 가면서 공연하였다. 나는 타밀댄스를 준비하면서 인도 사람들에게 보여주기 위한 공연이라 생각했는데 축제를 하는 동안 문화교류라는 단어의 뜻을 깨달을 수 있었다. 일방적으로 보여 준다고만 생각했던 나의 잘못된 생각을 바로 잡을 수 있었다.

이번 해피무브를 통해 작은 우물에서만 살던 내가 한층 더 성숙해질 수 있었고, 세상을 바라보는 시각이 달라질 수 있었다. 이번 국제 자원봉사활동을 통해 '자원봉사라는 것이 일방적으로 주는 것이 아니라 나누는 만큼 배로 얻는 보람이 있고 소중한 것'임을 직접 느끼고 경험할 수 있었다. 무엇보다 부족하지만 누군가에 도움이 될 수 있는 사람이라서 정말 행복했다.

생각해 볼 문제

1. 국제협력 자원봉사활동의 필요성에 대하여 생각해 보자.

2. 다양한 국제협력 분야에 대하여 알아보자.

3. 국제 자원봉사활동을 수행하는 데 필요한 적응 능력이 무엇이 있는지
   토론해 보자.

제12장
자원봉사와 자선의 한계

　앞의 여러 장에서 제3섹터로서의 시민사회에서 자원봉사가 어떤 의미를 가지는지, 어떤 기능을 하는지, 여러 영역에서 자원봉사가 실제로 어떻게 작동하는지, 자원봉사의 가치나 동기 그리고 절차가 무엇인지를 살펴보았다. 현대 시민사회의 구성원으로 살아가는 과정에서 시민 자신의 삶을 위해 스스로의 자원봉사가 필요하고, 활발한 자원봉사활동이 시민사회의 발전에 매우 긍정적인 역할을 한다는 것을 느꼈을 것이다. 나아가 자원봉사는 현대사회를 살아가는 시민의 권리이자 의무라는 점도 공감했을 것으로 기대한다.

　그러나 자원봉사 그리고 영역을 확대하여 공정무역이나 해외 원조 등 타인을 돕는 사회적 기제들이 항상 긍정적인 모습을 보여 주는 것은 아니다. 표면적으로는 숭고한 정신과 선의로 포장되어 있으나, 내면으로는 탐욕과 이기적 본성이 날카롭게 작동하는 경우도 실재한다. 그러한 부정적 측면이 겉으로 드러나서 시민이 쉽게 인식하고 개선할 수 있는 경우도 있다. 하지만 부정적인 요소들이 '착한 행위'로 포장되어 드러나지 않기 때문에 누군가에게 혹은 특정 집단에게 나쁜 영향을 주고 있음에도 불구하고 시민이 인지하지 못하고 지속되는 경우도 있다.

이 장에서는 자원봉사, 해외원조, 공정무역 등 어렵고 가난한 사람들을 돕는 사회적 장치들의 어두운 측면을 살펴보기로 한다. 남을 돕는 사회적 기제들이 밝은 면과 어두운 면이 함께 존재할 수 있음을 성찰하는 것이야말로 시민의 이타적 행위가 가진 선의와 본질을 지키고 발전시키는 출발점이 될 것이다.

1. 자원봉사의 한계

자원봉사에 대한 문제점은 다양하게 제시된다. 예를 들어 '자원봉사의 동기가 순수한가' '자원봉사에서 보험과 비용을 지원해야 하는가' '관리 시스템은 적절히 설계되고 운영되고 있는가' 등이다. 자원봉사는 사회문제의 해결이라는 관점에서 살펴보면 다음과 같은 문제점들이 지적되고 있다.

첫째, 자원봉사, 후원 혹은 기부 같은 자선행동이 가지는 불안정성이다. 프란치스코 교황은 2014년 8월 우리나라를 방문하여, "가난한 사람을 돕는 활동은 자선사업에 국한되지 않고 인간 성장을 위한 구체적인 노력으로 확대되어야 한다. 가난한 이들을 돕는 것은 반드시 필요하고 좋은 일이지만, 그것으로 충분하지는 않다. 인간적인 자립과 성장을 이룰 수 있도록 노력을 기울여 달라."라는 말씀을 하였다(한겨레, 2014. 8. 18.). 교황이 제기한 말씀의 핵심은 가난한 사람을 돕는 행동은 자선사업을 넘은 구체적 노력, 즉 법과 제도를 통한 집합적 해결책으로 발전해야 한다는 것이다.

자원봉사나 후원 및 기부 같은 자선 행위는 강제성이 없는 자발성에 바탕을 두고 있기 때문에, 경기가 침체하는 시기처럼 시민 자신의 삶이 힘들고 여유가 없어지는 경우 자원봉사자와 자선행위가 위축될 수 있다. 따라서 사회서비스를 제공하는 현장 조직들의 입장에서는 안정적으로 자원봉사의 규모를 예측하는 것이 힘들며, 자원봉사나 자선이 욕구나 문제를 가진 사람들과 반드시 연결된다는 확신을 가질 수 없다. 사회적 취약 집단을 안정적이고 지속적으로 보호할 수 없다는 의미이다.

설사 자원봉사자가 상당 정도로 유지되고 기부금이나 후원금이 상당히 증가해도 현대 자본주의 사회가 발생시키고 온존시키고 있는 빈곤, 장애, 노인, 정신보건 등 여러 가지 사회문제 및 욕구를 해결할 수 있을 만큼의 재원이나 서비스 공급량을 확보하기 힘들다. 제 1 · 2차 세계 대전, 경제 대공황, 우리나라의 IMF 외환위기 등의 역사적인 어려움을 겪으면서 인류가 확인한 것은, 결국 국가의 개입에 의한 법과 제도를 통한 노력만이 사회구성원의 기본적인 삶의 질을 유지하는 최후의 보루라는 것이었다(감정기, 최원규, 진재문, 2013).

둘째, 자원봉사의 전문성과 경쟁력, 제공하는 서비스의 질에 대한 비판이 존재한다. 이는 곧 자원봉사를 주된 자양분과 동력으로 삼고 있는 제3섹터의 시민사회조직에 대한 비판이기도 한다 (Gidron, Kramer, & Salamon, 1992: 208). 사회복지, 환경, 인권 등 사회적 의제 및 이슈와 관련하여 시민사회조직들이 개입하고 활동하는 분야는 시민운동 초기와는 달리 운동가나 활동가의 전문적인 지식과 기술을 요구하는 경향이 점차 증가하고 있다. 다양한 삶의 영역에서 현대 사회가 양산하는 문제나 욕구가 매우 복잡한 조건과 원인에서 기인하고 있기 때문에 고도의 전문성과 기술을 바탕으로 분석하고, 대안을 마련하고, 개입해야 하는 어려움이 따르고 있다.

이러한 상황을 고려하면 전문성과 기술보다는 사회적 책임성, 열정, 창의성으로 무장한 일반 시민의 자원봉사활동은 문제 해결의 가능성에서 어느 정도 제한적일 수밖에 없다. 다행스럽게도 최근에는 전문적 기술이나 지식을 가진 사람들이 자신의 재능이나 전문성을 나누는 재능기부, 즉 프로보노 형태의 자원봉사가 늘고 있다. 예로, 미국변호사협회는 1993년 규정을 만들어 협회 소속의 변호사들이 무료 변론, 무료 법률상담서비스 등 연간 50시간 이상의 사회공헌활동을 하도록 하고 있다. 또 다른 대안으로 일반 자원봉사자에게 일정한 교육이나 훈련 기회를 제공하여 수혜자의 요구 수준에 맞는 서비스의 질을 확보하려는 시도가 증가하고 있다. 이러한 노력이 전문성 부족을 완전히 극복할 수는 없다고 해도 지속적으로 확대할 경우 자원봉사의 한계를 보완하는 데 상당히 중요한 역할을 할 것이다.

2. 자원봉사 및 기부와 이윤추구

때로 우리는 선한 의지와 행위를 이용하여 사적인 이윤을 추구하는 경우를 볼 수 있는데, 자원봉사나 원조 영역 역시 이러한 현상이 일부에서 나타나고 있어 사회로부터 비판을 받고 있다. 다음의 몇 가지 예는 자원봉사나 기부행위와 같은 착한 행동이 어떻게 이윤추구를 위해 왜곡되는지를 잘 보여 준다.

첫 번째 예는 재능기부를 이용하는 일부 기업이나 비영리단체의 행태에 대한 비판이다. 기업이나 단체가 재능을 기부할 사람과 기부받을 사람을 연결해 주는 사업을 벌이기도 한다. 기업과 단체는 재능기부자에게 증명서를 발급해 주고 있다. 이러한 상황에서 기업이나 단체는 시민으로부터 '재능기부를 실천하는 착한 기업 혹은 단체'라는 이미지를 획득하고, 시민은 재능기부자보다 해당 기업이나 단체를 먼저 기억하고 떠올린다. 기업이나 단체가 금전적 이익이 없었으므로 자신들을 재능기부자로 주장하는 것이다.

또한 인건비 절감이라는 명분으로 사회단체나 기업에서 예술인 등 재능을 가진 사람들의 자원봉사를 압박하는 경우도 발생하고 있으며, 정당하게 인건비를 지급해야 하는 경우에도 자원봉사자로 대체하는 부도덕한 일도 벌어지고 있다(시사인, 2008). 시민사회조직의 입장에서 인건비를 줄이는 것도 필요하지만 이것이 자원봉사를 강요하거나 처음부터 수익성을 높이고자 의도한 것이라면 비판을 받아 마땅하다.

두 번째 사례는 공정무역(fair trade)에 대한 비판이다. 다국적 커

[그림 12-1] '커피 체리' 열매 수확과 껍질을 벗긴 생두. 이들 네팔 농민은 하루
2달러로 살아간다.

출처: 아름다운 가게 제공, 시사인(2008. 3. 24.) 재인용

피회사의 공정무역에서 보는 것처럼, 공정무역은 시장가격의 변동
과 관계없이 생산 농민에게 최저가격을 보장하고, 보통 소매가격
의 2% 정도를 '사회적 프리미엄[1]'으로 제공하는 형식의 거래 혹은
교역을 말하며, 소비자의 '착한 소비'에 바탕을 두고 있다(진재문,
2010: 82). 문제는 공정무역이 가난한 나라의 커피콩 농장 노동자,
카카오 생산 노동자를 보호하지 못한다는 사실이다. 2009년의 거
피콩 가격을 보면, 생산지에서 커피콩 50kg에 70달러에 거래되었
지만, 영국 런던의 소비시장에서는 1만 3천 달러에 거래되었다. 결
국, 커피 농장 노동자의 몫은 0.5% 정도에 머물고, 나머지는 다국
적 기업과 중간 상인들의 몫이 되어 버렸다(박건희, 2009).

---

1) 병원, 학교, 박물관 건립 지원 같은 사회적 공헌을 의미함.

이러한 속사정을 알게 되면, 민간에서 확산되고 있는 재능기부와 공정무역에 의한 사회공헌 활동을 액면 그대로 신뢰할 수 없게 된다. 그들의 사회공헌 활동 중 일부는 특정 집단과 다국적 기업의 탐욕과 착취를 감추고 미화하는 장치로 활용되고 있을 뿐이며, 오히려 어려운 처지에 놓여 있는 사람들을 더욱 어렵게 영속시키는 결과를 초래하기도 하는 것이다(진재문, 2010 재인용).

3. 자선 행위의 비민주적 위험성

세계적으로 유명한 IT 업체 마이크로소프트의 CEO였고, 세계 최고의 부자인 빌 게이츠는 2012년 세계경제포럼(WEF) 기간 중에 에이즈, 결핵 퇴치 등을 위해 설립된 기금에 7억 5,000만 달러(약 8,430억 원)를 기부하겠다고 밝혔다. 그리고 근자에 선진국들이 경제 위기를 핑계로 최빈국 원조로부터 발을 빼는 분위기에서 경제 위기는 '핑계'가 될 수 없다고 역설하였다(프레시안, 2012. 12. 31.). 언제나 그런 것처럼, 이 당시 많은 언론과 사회 각계에서는 빌 게이츠를 칭송하기에 바빴다.

하지만 세상 모든 일이 그런 것처럼, 항상 칭송하는 사람만 있는 것은 아니다. 아주 예리한 눈으로 슈퍼부자들의 기부와 자선의 이면에 있는 숨겨진 문제를 찾아내고 인지한 사람들이 있다. 영국의 코미디언이면서 사회운동가인 로버트 뉴먼(Robert Newman)은 「가디언(Guardian)」지의 기고를 통해 '자선은 정의의 적이다.'라고 규정한다. 또한 빈곤층이 가장 원하는 것은 자선이 아니라 정의의 실현이라고 강변하면서 감시와 민주주의적 통제가 없는 자선 권력이 초래할 파괴적 결과를 주의하라고 경고한다. 뉴먼에 따르면, 개츠비 재단(Gatsby Charitable Foundation)과 빌 & 멜린다 게이츠 재단(Bill and Melinda Gates Foundation)은 원조를 통해 아프리카의 농업에 깊숙이 관여하고자 한다. 그러나 이러한 지역들의 주민 의사가 반영되지 않고 하향식으로 생명공학을 이용한 유전자변형 작물을 재배하며, 이런 과정을 통해 슈퍼부자들의 자선이 가난한 나라의 농민을 더욱 어렵게 만든다고 비판한다(Newman, 2012). 보이는 것이 전부가 아닌 것이다.

마이클 에드워드(Michael Edwards) 전 세계은행(World Bank) 고문은 자신의 책 『작은 변화: 왜 기업은 세상을 바꾸지 못하는가』를 통해 "왜 부자와 유명 인사가 학교를 어떻게 개혁하고, 빈민에게 어떤 약을 적정가에 공급하고, 어떤 시민단체에게 자금을 지원해야 할지를 결정해야 하는가?"라고 묻는다(Smith, 2010 재인용). 이 질문의 핵심은 '박애자본주의[2)]'를 지향하는 슈퍼부자의 자선 행위가 내포하고 있는 오만하고 비민주적이고 식민지적인 성격을 폭로하고 있다.

---

2) 최근 들어 계몽적인 노블레스 오블리주 대신 '박애 자본주의'라는 새로운 현상이 주목 받고 있으며 비숍과 그린(Bishop & Green)의 저서인 『박애 자본주의: 승자만을 위한 자본주의에서 모두를 위한 자본주의로』에서 제시한 신조어이다. 즉, 과거의 기부자들이 재단을 통해 기부 활동을 하고, 시립공원이나 박물관, 병원 등의 시설에 자신의 이름이 새겨지게 하는 것 말고는 재단에 영향력을 거의 행사하지 않았다. 신흥 슈퍼부자들의 기부층은 자신만의 방식으로 일하기를 원하며, 상당수가 젊은 시절에 부를 축적해 돈이 어떻게 지출되는지에도 관심이 많다. 이들은 공동체 기업, 사회 환원, 이윤 추구형 박애주의에 대해 세련된 경영학 용어를 곁들여 설명한다. 또 정치가와 은행가의 잘못을 지적하기 위해 다보스 경제포럼(Davos Forum) 같은 배타적인 모임에 적극적으로 참여한다(Smith, 2010).

막대한 재산으로 전 지구적 차원에서 강력한 영향력을 행사하고 있는 선진국의 슈퍼부자들은 제3세계의 가난한 나라들과 지역사회에 대한 원조 과정에서 주민의 건강한 공동체를 발전시키고 현지 주민의 역량을 강화하는 근본적 변화를 추구하지 않는다. 대신 슈퍼부자들은 그들의 가치와 의견을 관철하고 선진국의 발전 경험을 이식하려는 경향을 보이고 있다. 이는 자선이 가지는 숭고한 의미에도 불구하고 한편으로는 지원을 받는 국가, 지역사회, 현지 주민들의 자율성과 자결권을 심각하게 제한하는 비민주적 특성을 보여 주는 것이다. 나아가 선진국의 가치가 약소국에 일방적으로 이식될 수 있다는 점에서 식민지적 성격도 내포하고 있다.

지금까지 논의한 것처럼, 자원봉사, 자선, 공정무역 등 소위 착한 소비와 착한 행동들이 언제나, 자동적으로 착한 결과로 귀결되는 것이 아니다. 이러한 착한 소비와 행동도 시민의 관심과 참여를 기반으로 하는 건전한 시민사회의 민주적인 감시와 통제를 받을 수 있어야 한다. 그래야만 이윤추구의 이기적 동기와 약소국 수탈이라는 냉혹한 정치경제적 논리 속에서 가난하고 힘든 사람들의 인권과 삶의 질을 지켜 낼 수 있다. 수단 자체가 정당성을 제공하는 것이 아니며, 우리가 가진 수단이 의도했던 착한 결과를 발생시키는지, 공정무역, 자선, 자원봉사의 전 과정을 철저하게 모니터링해야 한다. 이러한 시민사회적 모니터링에 참여해야 하는 의무가 우리 사회의 모든 시민에게 부여되었음을 기억해야 할 것이다.

4. 어떻게 할 것인가

앞에서 자선, 자원봉사, 공적무역 등의 자원 활동이 드러내는 제점과 한계에 대하여 살펴보았다. 우리가 착한 행위일 것이라고 생각했던 것의 이면에, 의도했던 혹은 의도하지 않았던 여러 가지 문제점이 존재한다는 사실을 알 수 있다. 이러한 것들이 우리를 불편하게 하고 때로는 분노를 자아내기도 한다.

그렇다면 문제가 있다고 생각되는 공정무역을 그만 두어야 하는 것인가? 아프리카에 대한 빌 게이츠의 자선과 지원은 문제가 있기 때문에 중단해야 하는가? 자원봉사가 순수하지 못하고 사익 추구의 수단적 의미가 있기 때문에 하지 말아야 하는가? 이런 질문에 명쾌한 결론을 제시하는 것은 매우 어려운 일이다.

착한 행위가 의도하지 않게 만들어 내거나 혹은 은근히 의도한 부정적인 결과에 어떻게 대응해야 할지에 대한 하나의 예로 공정무역을 생각해 보자. 박효원(2012)은 공정무역에 대한 문제제기에 나름의 방안을 제시하고 있는데, 자선이나 자원봉사 등 일반적인 자원 행동의 문제점에 대하여 우리 사회가 어떻게 대응할 것인가에 대하여 의미 있는 시사점을 주고 있다.

그는 모든 사회 참여 혹은 소비자의 윤리적 실천을 무의미한 것으로 규정하는 사회적 기업의 위험성을 지적하고 있다. 우리가 공정무역을 하는 기업의 여러 문제점을 비판하지만, 현실에서는 아프리카 등 저개발국의 생산자들이 공정무역이 없는 경우보다 공정무역 시스템에서 더 많은 도움을 받고 있음을 무시할 수 없다. 따라서 책임 있는 대안 없이 공정무역 등의 사적 자원 행위를 중단하는 것이 능사가 아니다(박효원, 2012). 중단이나 폐지보다는 착한 행위나 의도가 실제적으로 약자의 삶의 질 향상에 도움이 되고 사회경제 구조의 불평등을 완화시킬 수 있는 대안을 마련해야 한다. 구더기 무서워서 장을 못 담으면 안 된다는 뜻이다.

예를 들어, 커피 회사들의 공정무역에 대응하여 시민사회에 기반을 둔 사회적 경제(사회적 기업, 협동조합, 마을 기업)들이 저개발국의 현지 커피 생산자와 직거래를 통해 좀 더 진전된 무역 조건을 만들어 내는 것을 생각할 수 있다.[3] 나아가 빌 게이츠와 같은 슈퍼 부자들이 저개발국가를 지원하는 과정에서 발생시키는 부작용을 이유로 그러한 지원을 중단할 일이 아니다. 저개발국가 스스로가 도움의 전 과정에 주체적으로 참여하고 의견 제시는 물론 실질적으로 주요 결정 행위를 할 수 있는 구조를 만들어 주어야 한다. 그러한 과제를 범세계적인 시민운동을 통해서 혹은 국제기구 차원에서 만들어 내는 것이 중요하며, 이는 노력에 따라 가능할 것이다.

이러한 대안이 만들어지고 그것이 실제적인 효과를 나타내려면 결국 시민의 자각과 노력이 필요하며, 시민사회의 건강성이 매우 중요하다. 공정무역, 자선, 자원봉사 같은 착한 행위들이 내포한 미시적 위험은 무엇이고, 그것을 둘러싼 구조적 문제가 무엇인

---

3) '빈곤을 심화시키는 무역을 빈곤을 해결하는 수단으로'를 미션으로 내건 비영리 조직 '아름다운커피(http://www.beautifulcoffee.com)'의 공정무역 커피(Fair Trade Coffee)가 좋은 예이다. 공정무역 커피는 다국적 기업이 혹은 중간 상인을 거치지 않고 아프리카, 아시아, 남미 등 가난한 저개발 국가의 커피를 공정한 가격에 구입해 유통하는 커피이다. 아름다운커피는 네팔, 인도네시아, 페루, 과테말라, 우간다, 인도, 볼리비아 등지의 협동조합들과 거래 기반의 파트너십을 맺어 공정무역을 실행 중이다(오마이뉴스, 2017. 3. 16.).

지를 알아야 한다. 이를 위해 시민이 다양한 시민운동이나 시민단체에 참여하고 의견과 도움을 교환하면서 비판적 인식과 연대감을 키워 나가야 한다. 이를 기초로 개인적으로 좀 더 정의롭고 효과적인 착한 소비를 선별하고 실천하면서, 집단적으로 사회구조의 부조리를 변화시키려는 커다란 흐름을 만드는 데 동참해야 한다.

〈표 12-1〉 슈퍼부자들의 재단 설립 이유에 대한 문제 제기

• 다음은 '헤럴드 경제'에 실린 기사를 발췌한 것이다. 슈퍼부자들은 왜 자선을 위한 재단을 설립할까? 다음 기사를 읽고 토론해 보자.

자선 · 명성 · 절세…억만장자가 재단 설립에 꽂힌 이유

…억만장자들이 가족재단을 만드는 이유는 뭘까. 일본 니혼게이자이신문(닛케이)은 "부유층의 내적 욕구와 자산에 대한 요구를 제대로 파악하고 있는 것이 재단"이라며 "부유층이 재단을 통해 대리만족하는 것은 자선과 명성, 세금대책"이라고 꼬집었다.

▶ '나눔'=재단 설립의 1차 목표는 사회공헌이다. 자선활동은 젊은 부호들보다 나이가 지긋한 억만장자들에게서 더욱 두드러진다.

닛케이는 "40대 젊은 부자들은 한동안 소비의욕이 왕성한 경향이 있지만, 50~60대에 접어들면 자신의 돈을 죽기 전에 다 쓸 수 없다는 것을 알게 된다."며 "그 결과 세상을 위해 공헌하려는 의욕이 높아진다."라고 분석했다.

…빌 게이츠(60)는 2008년 여름 MS 경영일선에서 물러난 이후 세계 의료 및 교육 문제 개선을 위해 자선활동에 주력하고 있다. 그 발판이 된 것이 1997년 아내 멜린다와 함께 설립한 '빌 & 멜린다 게이츠 재단'이다. 게이츠 재단의 보유자산은 올 3월 현재 429억 달러(50조 1,070억 원)다. 지난 18년간 기부 규모는 335억 달러(39조 1,300억 원)에 달했다.

'오마하의 현인' 워런 버핏(85) 버크셔 해서웨이 회장도 게이츠 재단과 자신의 가족이 운영하는 재단에 재산 99%를 기부하기로 했다. 버핏은 지난해에만 28억 달러(3조 2,700억 원)를 기부해 포브스 선정 미국 10대 기부자 중 1위에 올랐다. 작년까지 누적 기부액은 227억 달러(26조 5,140억 원)였다.

세계 부호 순위 1, 2위인 게이츠와 버핏은 한 발 더 나아가 2010년 세계 각국의 최고 부자들을 대상으로 재산 절반 이상을 기부하도록 독려한 '더 기빙 플레지' 캠페인도 벌였다. 출범 당시 40명의 백만장자가 최소 1250달러(146조 원) 기부를 약속했고, 현재는 미국뿐 아니라 중국, 인도 등 전세계 131명이 참여하고 있다. 여기에는 폴 앨런(MS 공동 창업자), 피에르 오미디야르(이베이 창업자), 래리 엘리슨(오라클 창업자), 어윈 제이콥스(퀄컴 공동 창업자), 조지 루카스(영화감독) 등이 포함됐다.

▶ '명성'=부호들이 재단을 설립하는 또 다른 이유는 '노블레스 오블리주(높은 사회적 신분에 상응하는 도덕적 의무)'를 실천해 명성을 드높이려는 의도도 숨어 있다. 특히 부호들이 학교와 병원에 기부하면서 건물 이름을 자신의 이름으로 짓거나 건물 입구 명판에 이름을 명확히 새겨 넣는 것도 사회적 지위를 은연중에 과시하고 싶은 욕구가 담겨 있는 것이라고 닛케이는 전했다.

…미국의 '철강왕' 카네기와 '석유왕' 록펠러가 재단을 통해 예술과 교육분야에 기부한 것이 노블레스 오블리주의 모범 사례로 꼽힌다. 이들은 대규모 가족재단을 설립해 교육과 예술 분야에 기부했다. 앤드류 카네기는 1911년 카네기 재단을 세우고 좌석 수가 2,804석이나 되는 세계적 공연장 카네기홀과 카네기 공과대학, 도서관 등을 세웠다. 주요 재단으로는 카네기국제평화기금, 카네기교육진흥재단 등이 있다. 록펠러 재단은 석유 재벌 존 록펠러가 카네기의 저서에서 영향을 받아 시작한 자선단체다. 1975년 설립 당시 자산 규모가 700억 달러(현재가치 3,167억 달러, 368조 원)에 달했다. 이는 자선단체 순위에서 세계 최대 규모이며, 세계에서 가장 영향력 있는 비영리단체 중 하나로 평가된다.

▶ '절세'=억만장자들이 재단을 통해 재산을 사회에 환원하는 것은 기본적으로 좋은 일이지만, 그 의도가 100% 순수한 것은 아니다. 재단은 절세의 수단이자 부(富)의 안전장치이기도 하기 때문이다.

부호들이 자산을 신탁(트러스트)하면, 자산 소유자는 '신탁'이 되면서 개인 소유에서 분리된다. 다시 말해, 자신에게 불미스러운 일이 발생해도 신탁 자산까지는 압류되지 않기 때문에 재산을 안전하게 관리할 수 있다. 뿐만 아니라 자산 소유자는 아니더라도 '위탁자'로서 신탁 자산에서 나오는 수익의 수혜자가 될 수 있다. 재단 설립은 부자들의 세금대책이 되기도 한다. 상속 등에 의해 취득한 재산을 국가나 지방공공단체, 특정 공익법인 등에 기부할 경우 그 재산은 상속세 대상에서 제외된다. 닛케이는 "이것이 상속세 부담이 큰 부유층에게 재단을 설립하는 강한 동기가 된다."라고 전했다.

우리나라에서는 대기업 계열 공익재단이 편법 상속수단으로 전락하고 있다는 지적도 나온다. … "대기업 계열 공익법인들이 계열사 주식을 대거 보유하는 방법으로 증여세 등 세금을 회피해 사실상 상속증여의 수단이 되고 있다."며 "삼성의 경우 그 규모가 시가(지난 7월31일 종가기준) 5조4402억 원에 달한다."고 꼬집었다. … "정몽구 회장이 2006년 현대글로비스 비자금 사태 직후 1조원 사재 출연을 약속한 뒤 현재까지 보유주식 8,500억 원어치를 출연했지만, 이중 5871억 원어치는 현대차 정몽구 재단이 보유하고 있다."고 말했다.

현행법상 공익법인에 기부하는 회사는 기부금으로 처리해 세제혜택을 받고 기부받는 공익법인도 증여세 등 세금을 내지 않는다. 때문에 일각에서는 "공익재단의 회계적 투명성을 확보하고 공익사업의 관리감독을 철저히 해야 한다."는 지적이 나온다.

출처: 헤럴드경제 슈퍼리치섹션(2015. 10. 6.)

생각해 볼 문제

1. 자원봉사를 통해 자신이 거주하는 지역사회(구·군, 광역시·도)의 사회
   문제를 해결하는 과정에서 제기될 수 있는 다양한 한계점을 적어 보자.

2. 다국적 기업이 운영하는 커피전문점에서 공정무역 커피를 즐기는 우리
   의 착한 소비가 실제로 가난한 아프리카 커피콩 농장 노동자의 삶의 질
   을 향상시키는 착한 결과를 낳으려면 어떤 대안과 방법이 필요한지 논
   의해 보자.

3. 부자들의 자선과정에서 나타날 수 있는 비민주적인 부작용을 통제할
   수 있는 방법은 무엇인가? 자발적인 자원 행동(자선, 자원봉사 등)에
   통제가 필요한지 논의해 보자.

참고문헌

감정기, 최원규, 진재문(2013). 사회복지의 역사. 경기: 나남.

강철회, 유재윤, 박소현(2012). 기부와 자원봉사에의 참여 행동에 관한 연구; 누가 선택적으로 참여하고 누가 결합적으로 참여하는가? 한국사회복지학, 64(3), 273-298.

강철회 외(2011). 기부영역 선택 영향요인에 대한 탐색: 사회복지영역과 비사회복지영역 및 비기부 집단의 비교. 사회복지정책, 38(1).

강철회 외(2010). 한국 공동모금제도의 사회적 성과와 발전과제에 관한 연구. 사회복지공동모금회. 연세대학교 산학협력단.

강혜규 외(2007). 사회서비스 공급의 역할분담 모형개발과 정책과제: 국가 · 시장 · 비영리민간의 재정분담 및 공급참여방식. 한국보건사회연구원.

강혜규(2007). 복지전달체계 개편의 과정과 주민생활서비스 전달체계 개편의 의의, 월간 복지동향, Vol.108.

강효민, 박기동(2008). 지역사회에서 스포츠클럽 활동과 사회적 자본 형성. 한국 스포츠 사회학회지, 21(4), 845-863.

고재욱, 송노원, 양경희, 이원웅, 조재숙(2013). 자원봉사론. 경기: 양서원.

곽형모(2013). 자원봉사와 시민성. 한국자원봉사문화 교육자료.

구승신 외(2012). 자원봉사론. 경기: 정민사.

권순종 외(2008). 자원봉사론. 경기: 양서원.

권중돈 외(2008). 자원봉사의 이해와 실천. 서울: 학지사.

김건희(2010). 자원봉사 현장에서 바라본 시민의 변화. 서울: 민주시민교육.

김경동(2007). 시민사회와 자원봉사. 서울: 아르케.

김동배, 김선아, 이서원, 장신재, 조학래, 홍영수(2009). 자원봉사의 이해. 서울: 학지사.

김동배, 김선아, 이서원, 장신재, 조학래, 홍영수(2011). 자원봉사의 이해. 서울: 학지사.

김동춘(2001). 시민교육, NGO란 무엇인가. 서울: 아르케.

김만권(2013). 정치가 떠난 자리. 서울: 그린비.

김범수 외(2012). 자원봉사론. 서울: 학지사.

김범수, 권선진, 신승연, 이종복, 손영희, 정옥희, 정용충, 최은숙(2014). 자원봉사론. 서울: 학지사.

김선아 역(2011). 이기적 이타주의, Fairnington A. (2010). [The Age of Selfish Altruism]. 사람의 무늬.

김수진(2012). 재능기부를 통한 문화예술 창작 및 향유 활성화 방안 연구. 홍익대학교 석사 학위 논문.

김승용, 김순안, 김오복, 김은묵, 김재중, 박은주, 오준심, 이경순, 이미영, 이현심(2012). 자원봉사론. 경기: 양서원.

김영선(2013). 과로사회. 서울: 이매진.

김영종(2007). 사회복지조사방법론. 서울: 학지사.

김영종(2012). 사회복지행정. 서울: 학지사.

김영종(2013). 사회복지 프로그램 개발과 평가. 서울: 학지사.

김우락(2011). 사회적 자본이 '삶의 만족도'에 미치는 영향 연구-당진시를 중심으로-, 가천대학교 대학원 박사학위논문.

김익균 외(2013). 자원봉사론. 경기: 정민사.

김태룡, 안희정(2009). 자원봉사의 활성화에 미치는 사회자본의 영향분석. 한국정책연구, 9(3), 197-218.

김태준, 최상덕, 장근영, 이기홍(2009). 한국의 사회적 자본 실태 분석, 한국교육개발원.

김현옥(2010). 재능나눔은 노블레스의 오블리주를 유도하는 운동이다.

제67회 정기포럼 봉사와 나눔문화의 새로운 페러다임 기부와 재능나눔 활성화 방안 자료집. (사)한국자원봉사포럼, 성숙한사회가꾸기 모임.

김호기(2001). 한국의 시민사회: 현실과 유토피아 사이에서. 서울: 아르케.

김효정 외(2011). 자원봉사론. 경기: 공동체.

남기철(2007). 자원봉사론. 경기: 나남.

남찬섭(2012). 개정 사회보장기본법의 사회서비스의 의미와 개념적 긴장. 한국사회복지학회, 64(3).

남찬섭(2012). 사회복지서비스와 사회서비스의 개념과 범주, 어떻게 확립할 것인가? 사회보장법 개정에 다른 사회복지서비스 정책 쟁점과 과제. 한국사회복지학회 · 한국사회서비스학회.

남지원(2014). 아프리카 돕는다던 빌 게이츠 재단, 알고보니 기금 대부분은 부자 나라로. 경향신문.

노연희(2013). 국내기부, 자원봉사 관련 조사연구 동향 분석. 아름다운재단 기부문화연구소 2013년 기획연구 보고서. 아름다운재단 기부문화연구소.

류기형, 남미애, 박경일, 홍봉선, 강대선(2009). 자원봉사론. 경기: 양서원.

류기형, 남미애, 박경일, 홍봉선, 강대선(2010). 자원봉사론. 경기: 양서원.

류기형, 남미애, 박경일, 홍봉선, 강대선(2013). 자원봉사론. 경기: 양서원.

박건희(2009). 공정무역이 제3세계의 빈곤을 해결할 수 있을까? 레프트 21, 6호.

박광준(2013). 사회복지의 사상과 역사-서구복지국가와 한국. 경기: 양서원.

박상필(2011). NGO학. 서울: 아르케.

박성중(2013). 추가적인 한국전통 나눔문화와 현대적 의미. 2013년 아산재단창립 36주년기념 심포지엄 자료집-한국의 나눔문화와 복지사회. 집문당.

박소현 외(2011). 문화예술분야 재능기부 활성화 방안 연구. p. 36.

박용순, 문순영, 임원선, 임종호(2008). 사회문제론. 서울: 학지사.

박윤애(2012). 변화의 시작, 자원봉사를 생각한다. 전국자원봉사컨퍼런스.

박태영 외(2012). 자원봉사론. 공동체.

박효원(2012). 착한소비를 넘어서: 공정무역, 정의로운 세상을 만들 수 있을까?. 제41차 ODA월례토크 자료집. ODA Watch.

박홍률(2017). 커뮤니티서비스, 자녀들에게 왜 중요할까?. 한국일보.

배윤진(2016). 자신감의 시작! 동행프로젝트: 시민과 함께한 자원봉사 10년, 서울시자원봉사센터.

보건복지부(2013). 지역자율형 사회서비스 투자사업 안내.

보건복지부(2014). 지역자율형 사회서비스 투자사업 안내.

보건복지부, 한국사회복지협의회(2012). 2012 사회복지 자원봉사 통계연감.

복지동향(2014). 참여연대 사회복지위원회, 통권 186호.

빌 클린턴 지음. 김태훈 역(2007). Giving. Clinton, B. 물푸레.

사단법인 대구자원봉사포럼(2012). '재능나눔' 자원봉사활동 활성화 방안 연구. 세종문화사.

사단법인 서울특별시자원봉사센터(2014). 공공기관 자원봉사 운영 가이드.

서홍란, 박정란(2014). 대학생 해외자원봉사 프로그램의 효과성에 관한 기초연구. 청소년학 연구, 21(2), 139-168.

소진광(2000). 지방자치와 사회적 자본. 한국지방자치학회, 12(4), 93-122.

손원익(2007). 기부문화 활성화 방안. 기부문화 및 공익법인에 관한 정책토론회. 한국조세연구원.

양점도, 김도희, 류기덕, 박귀영, 박영국, 오주, 이금자, 이기량, 이재모 (2010). 자원봉사론. 경기: 양서원.

양점도 외(2013). 자원봉사론. 경기: 양서원.

엄기호(2014). 단속사회. 파주: ㈜창비.

엄병천(2012). 당사자 자원봉사 활용가치, 도시와 빈곤, 제98호.

오단이(2014). 국제자원활동 동기 및 현지적응과정에 관한 탐색적 사례연구, 한국사회복지행정학, 16(3), 373-399.

유용식, 원요한, 김봉순, 유길준(2016). 자원봉사론. 경기: 양서원.

윤주명(2014). 사회복지서비스전달에서 자원봉사 활용의 실태와 개선방안. 사회과학연구, 10(1).

윤태호(2011). KBS스페셜 '미국을 떠받치는 힘, 자원봉사'. 서울: KBS.

이강현(2013). 자원봉사의 길. 서울: 아르케.

이만식(2010). 왜 재능나눔, 포로보노 운동인가. 제67회 정기포럼-봉사와 나눔문화의 새로운 페러다임 기부와 재능나눔 활성화 방안-자료집. (사)한국자원봉사포럼, 성숙한사회가꾸기 모임.

이명호(2015). 사회적 경제조직이 성과를 내기위해 자원봉사를 어떻게 활용할 것인가? 사회적 경제와 시민사회 자원봉사의 융합 자료집. 수원시종합자원봉사센터 및 (사)한국자원봉사포럼.

이병순(2010). 자원봉사 실천가가 풀어쓴 자원봉사론. 경기: 공동체.

이병순 외(2011). 자원봉사론. 경기: 공동체.

이봉주(2013). 나눔문화의 미래와 복지사회. 2013년 아산재단창립36주년기념 심포지엄 자료집-한국의 나눔문화와 복지사회. 서울: 집문당.

이성록(1993). 자원봉사자의 활동실태와 효율적 분석. 대구대학교 대학원 석사학위논문.

이성록(2007). 자원봉사 활동관리 이론과 실제. 서울: 미디어숲.

이성록(2013). 호모 볼런타스. 서울: 미디어숲.

이용마, 권복기(2013). 희망과 절망의 순간들. 참여사회, 12, 통권 205호.

이은애(2013). 사회적 경제가 그리는 지역공동체. 서울시자원봉사센터 전문가 포럼 자료집.

이재원(2012). 사회서비스 정책의 전개과정과 정책과제: 보건복지부 사회서비스 전자바우처 사업을 중심으로. 지방정부연구학회, 15(4).

이재원, 김은정, 김준형(2012). 지역사회서비스투자사업 포괄보조 전환방안 마련. 부경대학교 산학협력단·보건복지부.

이창언, 김광남, 오수길, 조희연(2013). 사회문제를 보는 새로운 눈 한국사회의 33가지 쟁점. 서울: 선인.

임혜숙 외(2013). 자원봉사론. 서울: 박영사.

전국경제인연합회(2016). 주요 기업·기업재단 사회공헌백서. 전국경제인연합회.

정경희 외(2006). 한국의 사회서비스 쟁점 및 발전전략. 한국보건사회연구원.

정기환, 심재만, 최경은(2006). 농촌지역의 사회적 자본과 지역사회 발전. 한국농촌경제연구원.

조휘일(2002). 자원봉사 프로그램 관리. 서울: 학지사.

주성수(2000). 자원봉사와 시민사회. 서울: 한양대출판부.

주성수(2005). 자원봉사. 서울: 아르케.

주성수(2015). 세월호 참사-자원봉사와 시민참여. 한국자원봉사문화 자원봉사 이슈.

주성수 외(2013). 자원봉사와 사회적경제 생태계의 확장을 위한 상생모델 개발. 한국자원봉사협의회 및 한국자원봉사관리협회.

지성호(2017). 느림 · 작음 · 지속, 슬로시티 하동 약양서 '향약' 부활. 연합뉴스.

진재문(2005). 시민운동과 자원봉사활동의 연계 협력 과제. 제2회 전국자원봉사센터 관리자대회 자료집. 행정안전부.

진재문(2010). 세계의 빈곤, 그 실태와 과제. 글로벌 이슈와 해결방안. 부산외국어대학교출판부.

진재문(2014). 몸으로 실천하면 배우는 사회윤리적 인성. 통합 인성. 경성대학교 창의인재대학 통합인성교재개발위원회 저. 부산: 경성대학교출판부.

최덕경 외(2012). 현대사회와 자원봉사. 경기: 공동체.

최종덕(2007). 사회자본 형성을 위한 시민교육의 방향. 한국사회과교육학회, 39(4), 135-161.

통계청(2015). 2015년 사회조사보고서.

한국복지연구회(1997). 현대사회의 자원봉사론. 서울: 유풍출판사.

한국사회복지협의회(1987). 자원봉사활동현황 및 활성화 방안.

한국자원봉사문화(2015). 메르스/감염병 대비 자원봉사시스템의 필요성을 알린다. 자원봉사가치/자원봉사 이슈.

한병철(2012). 피로사회. 서울: (주)문학과 지성사.

해운대구(2013). 해운대, 세계시민사회운동10년사.

허문구(2011). 사회적 자본이 지식창출과 혁신에 미치는 영향. 인사 · 조직연구. 한국인사조직학회, 19(1), 41-77.

허은선(2014). 재능기부라는 이름의 '깡패' ? 시사in, 360호.

현외성(2004). 자원봉사론 강해. 서울: 학지사.

현외성(2011). 자원봉사론 강해. 서울: 학지사.

황경식(2010). 왜, 무엇을, 어떻게 기부해야 하나. 제67회 정기포럼-봉사와 나눔문화의 새로운 페러다임 기부와 재능나눔 활성화 방안-자료집. (사)한국자원봉사포럼, 성숙한사회가꾸기 모임.

Bourdieu, P. (1986). The Forms of Capital. In Richardson (Ed.), *Handbook of Theory and Research for the Sociology of Education.*

New York: Greenwood Press.

Campbell. A., Converse, P. E., &Rogers, W. L (1976). *The Quality of American Life: Perceptions, Evaluation, and Satisfaction.* New York: Russell Sage Foundation.

Chan, A. C., Cheng, F., Fong, F. M., & Lai, C. (2006). Social Capital Measures for Volunteer Programmes. Retrieved March 22, 2011 from http://www.volunteerlink.net/datafiles/D089.pdf

Coleman J. S. (1988). Social Capital in the Creation of Human Capital. *American Journal of Sociology, 94,* 94–121.

Center for Civil Society, London School of Economics. (2004). What is civil society? http://www.lse.ac.uk/CCS/home.aspx. 2014. 8. 15.

Eitzen, D. S., & Zinn, M. B. (2000). *Social Problems* (8th ed.). Boston: Allyn and Bacon.

Evers, A., & Laville, J-L. (Eds.). (2004). *The Third Sector in Europe.* Edward Elgar.

Fukuyama, F. (1997). *Social Capital and modern capitalist economy: Creating a High Trust Workplace.* Stern Business Magazine.

Fukuyama, F. (1995). *Trust: The Social Virtues and the Creation of Prosperity.* New York: Free Press.

Gray, R., Bebbington, J., & Collison, D. (2006). NGOs, civil society and accountability: making the people accountable to capital. *Accounting, Auditing & Accountability Journal, 19*(3): 319–348.

Gidron, B., Kramer, R. M., & Salamon, L. M. (Eds.). (1992). *Government and The Third Sector.* Jossey–Bass Publisher.

Grootaert, C., Narayan, D., Jones, V. N., & Woolcock, M. (2003). Integrated Questionnaire for the Measurement of Social Capital. A resource paper from Social Capital Thematic Group of the World Bank June 23.

Knack, S., & Keefer, P. (1997). Does Social Capital Have and Economic Payoff?: A Cross–Country Investigation. *Quarterly Journal of*

Economics, 112(4): 1251-1288.

Krishna, A. (2000). Creating and harnessing social capital. In P. Dasgupta., & I. Serageldin (Eds.)., *Social Capital: A Multifaceted Perspective*. Washington DC: The World Bank, 3(5): 71-93.

Nahapiet, J., & Ghoshal, S. (1998). Social Capital, Intellectual Capital, and The Oraganizational Advantage. *Academy of Management Review, 23*(2): 242-266.

Newton, K., & Whiteley, P. (1999). Social Capital and European Democracy. London: Routledge, 3-24.

Newman, R. (2012). Philanthropy is the enemy of justice: The world's poor are not begging for charity from the rich- they're asking for justice and fairness. The Guardian (27 January).

Manser, G., & Rosemary Higgins Cass. (1976). Voluntarism at the Crossroads, Family Service Association of America, New York, 1976, p. 11.

Putnam, R. D. (1993a). The Prosperous Community: Social Capital and Public Life. *American Prospect, 13*: 35-42.

Putnam, R. D. (1993b). *Making Democracy Work: Civic Traditions in Modern Italy*. Prinston: Prinston University Press.

Putnam, R. D. (2000). *Bowling Alone: The collapse and Revival of American Community*. New York: Simon & Schuster.

Paul, B., Horton & Leslie, G. R. (1995). *The Sociology of Social Problems*. New York: Appleton-Century-Crofts.

Pestoff, V. A. (1992). Third Sector and Co-operative Services. From Determination to Privatization. *Journal of Consumer Policy, 15*(1): 21-45.

Powell, M. et al. (2011). 복지혼합. 김기태 역. 나눔의 집.

Paul B., Horton & Leslie G. R., (1995). *The Sociology of Social Problems*. New York: Appleton-Century-Crofts.

Robinson, D., & Williams, T. (2001). Social capital and voluntary activity.

Social Policy Journal of New Zealand, 17: 52-71.

Segal, H. D. (1999). Towards a new definition of citizenship: beneath & beyond the nation-state. Canada-United Kingdom Colloquium. November 20.

Smith, Yves. (2010). 빌 게이츠 한손으론 기부, 다른 손으론 강탈?. *Economy Insight*, 5: 12-13.

World Bank. (2013). Defining civil society. http://web.worldbank.org/ WBSITE /EXRERNAL/TOPICD/CSO/ 2014.8.16. 접속.

미디어

경향신문(1994. 2. 23.). 성금 등 부당모금 유용.

뉴스1(2016. 7. 21.). 청년백수 43만 명…첫 직장 평균 근속기간 '1년6개월'. 이훈철.

뉴스타파(2015. 7. 2.). '두산중공업의 실험'에 동원된 주민 10만 명.

딴지일보(2016. 4. 5.). 장기려 박사와 의료보험, 그리고 복지에 대해서.

미주 한국일보(2017. 5. 15.). 커뮤니티 서비스, 자녀들에게 왜 중요할까. 박홍률.

서울시자원봉사센터블로그(2015. 8. 19.). 나는 자원봉사하지 않기로 결심했다 2편.

시사인(2008. 3. 24.). 하루 2달러로 사는 네팔 농민의 선물.

오마이뉴스(2016. 3. 15.). 고난의 주민투표, 엄마들이 바뀌었어요. 정한철.

오마이뉴스(2017. 3. 16.). 커피 한 잔으로 '갑질' 없는 사회를 만들 수 있다. 박희영.

₩조선일보(2015. 11. 24.). 이웃 위한 따뜻한 밥 한 끼…그들의 특별한 목요일. 오민아.

중앙일보(2014. 12. 24.). 말없이 곁을 지켜준 천사…세월호 자원봉사자. 최종권.

프레시안(2012. 12. 31.).

한겨레(2014. 8. 18.).

한겨레신문(2013. 10. 19.). 사랑의 열매? 비리의 열매? 정권의 열매?.

한국방송공사 KBS(2017. 2. 24.). '부채 세대'…우리 시대 청년들의 자화상.
N@wstown(2013. 7.). 보도자료.

사이트
경주 최부자 아카데미 (http://gjchoiaca.gyeongju.go.kr)
국가법령정보센터(http://www.law.go.kr)
국제연합봉사단(http://www.unv.org)
국제워크캠프기구(http://www.workcamp.org)
김용익의 복지이야기(http://yikim.tistory.com/233)
네이버(http://www.naver.com)
사회복지공동모금회 (http://www.chest.or.kr)
서울, 문화에 빠지다. 서울문화재단 블로그(http://blog.naver.com/i_sfac)
아름다운재단 기부문화연구소(http://bfarch.tistory.com)
아름다운커피(http://www.beautifulcoffee.com)
용인시 블로그(http://yonginsiblog.kr)
월드 프렌즈 코리아(http://www.worldfriendskorea.or.kr)
위키백과(http://ko.wikipedia.org)
한국국제협력단(http://www.koica.go.kr)
해피무브 글로벌 청년봉사단(http://youth.hyundai-kiamotors.com)

부록 1. 자원봉사활동 기본법

[시행 2017. 7. 26.] [법률 제14839호, 2017. 7. 26., 타법개정]

제1조(목적) 이 법은 자원봉사활동에 관한 기본적인 사항을 규정함으로써 자원봉사활동을 진흥하고 행복한 공동체 건설에 이바지함을 목적으로 한다.

[전문개정 2014. 1. 7.]

제2조(기본 방향) 자원봉사활동의 진흥을 위한 정책은 다음 각 호의 사항을 기본 방향으로 하여야 한다.

1. 자원봉사활동은 국민의 협동적인 참여 능력을 높일 수 있는 방향으로 추진하여야 한다.

2. 자원봉사활동은 무보수성, 자발성, 공익성, 비영리성, 비정파성(非政派性), 비종파성(非宗派性)의 원칙 아래 수행될 수 있도록 하여야 한다.

3. 모든 국민은 나이, 성별, 장애, 지역, 학력 등 사회적 배경에 관계없이 누구든지 자원봉사활동에 참여할 수 있도록 하여야 한다.

4. 자원봉사활동의 진흥을 위한 정책은 민·관 협력의 기본 정

신을 바탕으로 하여 추진하여야 한다.

[전문개정 2014. 1. 7.]

제3조(정의) 이 법에서 사용하는 용어의 뜻은 다음과 같다.

1. "자원봉사활동"이란 개인 또는 단체가 지역사회·국가 및 인류사회를 위하여 대가 없이 자발적으로 시간과 노력을 제공하는 행위를 말한다.
2. "자원봉사자"란 자원봉사활동을 하는 사람을 말한다.
3. "자원봉사단체"란 자원봉사활동을 주된 사업으로 하거나 이를 지원하기 위하여 설립된 비영리 법인 또는 단체를 말한다.
4. "자원봉사센터"란 자원봉사활동의 개발·장려·연계·협력 등의 사업을 수행하기 위하여 법령과 조례 등에 따라 설치된 기관·법인·단체 등을 말한다.

[전문개정 2014. 1. 7.]

제4조(국가와 지방자치단체의 책무) 국가와 지방자치단체는 자원봉사활동의 진흥에 관한 시책을 마련하여 국민의 자원봉사활동을 권장하고 지원하여야 한다.

[전문개정 2014. 1. 7.]

제5조(정치활동 등의 금지 의무) ① 제14조, 제18조 및 제19조에 따라 지원을 받는 자원봉사단체 및 자원봉사센터는 그 명의 또는 그 대표의 명의로 특정 정당이나 특정인의 선거운동을 하여서는 아니 된다.

② 제1항에서 "선거운동"이란 「공직선거법」 제58조제1항에 따른 선거운동을 말한다.

[전문개정 2014. 1. 7.]

제5조의2(자원봉사활동의 강요 금지) 누구든지 개인 또는 단체에 대하여 자원봉사활동을 강요하여서는 아니 된다.

[본조신설 2016. 12. 27.]

제6조(다른 법률과의 관계) 자원봉사활동의 진흥 등에 관하여는 다른 법률에 특별한 규정이 있는 경우를 제외하고는 이 법에서 정하는 바에 따른다.

[전문개정 2014. 1. 7.]

제7조(자원봉사활동의 범위) 이 법의 적용을 받는 자원봉사활동의 범위는 다음 각 호와 같다.

1. 사회복지 및 보건 증진에 관한 활동
2. 지역사회 개발·발전에 관한 활동
3. 환경보전 및 자연보호에 관한 활동
4. 사회적 취약계층의 권익 증진 및 청소년의 육성·보호에 관한 활동
5. 교육 및 상담에 관한 활동
6. 인권 옹호 및 평화 구현에 관한 활동
7. 범죄 예방 및 선도에 관한 활동
8. 교통질서 및 기초질서 계도에 관한 활동
9. 재난 관리 및 재해 구호에 관한 활동
10. 문화·관광·예술 및 체육 진흥에 관한 활동
11. 부패 방지 및 소비자 보호에 관한 활동
12. 공명선거에 관한 활동
13. 국제협력 및 국외봉사활동
14. 공공행정 분야의 사무 지원에 관한 활동

15. 그 밖에 공익사업의 수행 또는 주민복리의 증진에 필요한
활동

[전문개정 2014. 1. 7.]

제8조(자원봉사진흥위원회) ① 자원봉사활동에 관한 주요 정책을
심의하기 위하여 국무총리 소속으로 관계 중앙행정기관 및 민
간 전문가로 구성된 자원봉사진흥위원회를 둔다.

② 자원봉사진흥위원회는 다음 각 호의 사항을 심의한다.

1. 자원봉사활동의 진흥을 위한 정책 방향의 설정 및 협력 · 조정

2. 자원봉사활동의 진흥을 위한 국가기본계획과 연도별 시행
계획에 관한 사항

3. 자원봉사활동의 진흥을 위한 제도 개선에 관한 사항

4. 그 밖에 자원봉사활동의 진흥에 필요한 사항

③ 제2항에 따른 심의 사항을 미리 검토하고 관계 기관 간의 협
의 사항을 정리하기 위하여 자원봉사진흥위원회에 실무위
원회를 둘 수 있다.

④ 자원봉사진흥위원회 및 실무위원회의 구성 · 조직 및 운영
에 필요한 사항은 대통령령으로 정한다.

[전문개정 2014. 1. 7.]

제9조(자원봉사활동의 진흥에 관한 국가기본계획의 수립) ① 행정
안전부장관은 관계 중앙행정기관의 장과 협의하여 자원봉사활
동의 진흥을 위한 국가기본계획(이하 "기본계획"이라 한다)을
5년마다 수립하여야 한다. 〈개정 2014. 11. 19., 2017. 7. 26.〉

② 기본계획에는 다음 각 호의 사항이 포함되어야 한다.

1. 자원봉사활동의 진흥에 관한 기본 방향

2. 자원봉사활동의 진흥에 관한 추진 일정

3. 관계 중앙행정기관의 자원봉사활동에 관한 추진 시책

4. 자원봉사활동의 진흥을 위하여 필요한 재원(財源)의 조달방법

5. 그 밖에 자원봉사활동의 진흥을 위하여 특히 필요하다고 인
   정되는 사항

[전문개정 2014. 1. 7.]

제10조(연도별 시행계획의 수립) 관계 중앙행정기관의 장과 지방
자치단체의 장은 기본계획에 따라 연도별 시행계획을 수립·
시행하여야 한다.

제11조(학교·직장 등의 자원봉사활동 장려) ① 학교는 학생의 자
원봉사활동을 권장하고 지도·관리하기 위하여 노력한다.

② 직장은 직장인의 자원봉사활동을 촉진하기 위하여 노력한다.

③ 학교·직장 등의 장은 학생 및 직장인 등의 자원봉사활동에
대하여 그 공헌을 인정하여 줄 수 있다.

[전문개정 2014. 1. 7.]

제12조(포상) 국가와 지방자치단체는 국가와 사회에 현저한 공로
가 있는 자원봉사활동을 한 자원봉사자, 자원봉사단체, 자원봉
사센터 등에 대하여 대통령령으로 정하는 바에 따라 포상할 수
있다.

[전문개정 2014. 1. 7.]

제13조(자원봉사자의 날 및 자원봉사주간) ① 국가는 국민의 자원
봉사활동에 대한 참여를 촉진하고 자원봉사자의 사기를 높이
기 위하여 매년 12월 5일을 자원봉사자의 날로 하고 자원봉사
자의 날부터 1주일간을 자원봉사주간으로 설정한다.

② 자원봉사자의 날 및 자원봉사주간의 행사에 필요한 사항은 대통령령으로 정한다.

[전문개정 2014. 1. 7.]

제14조(자원봉사자의 보호) ① 국가와 지방자치단체는 자원봉사 활동이 안전한 환경에서 이루어질 수 있도록 노력하여야 한다.

② 자원봉사자에 대한 보험의 가입 등 보호의 종류와 내용에 관하여 필요한 사항은 대통령령으로 정한다.

[전문개정 2014. 1. 7.]

제15조(자원봉사활동의 관리) 자원봉사단체 및 자원봉사센터는 자원봉사자에 대한 교육훈련 및 안전대책 등이 체계적으로 관리될 수 있도록 노력하여야 한다.

제16조(국유·공유 재산의 사용) 국가와 지방자치단체는 「국유재산법」 또는 「공유재산 및 물품 관리법」에도 불구하고 자원봉사 활동의 진흥을 위하여 자원봉사단체 및 자원봉사센터가 대통령령으로 정하는 특정한 사업을 수행하기 위하여 국유·공유 재산이 필요하다고 인정하면 이를 무상으로 대여하거나 사용하게 할 수 있다.

[전문개정 2014. 1. 7.]

제17조(한국자원봉사협의회) ① 자원봉사단체는 전국 단위의 자원봉사활동을 진흥·촉진하기 위한 다음 각 호의 활동을 하기 위하여 한국자원봉사협의회를 설립할 수 있다.

1. 회원단체 간의 협력 및 사업 지원

2. 자원봉사활동의 진흥을 위한 대국민 홍보 및 국제교류

3. 자원봉사활동과 관련된 정책의 개발 및 조사·연구

4. 자원봉사활동과 관련된 정책의 건의

5. 자원봉사활동과 관련된 정보의 연계 및 지원

6. 그 밖에 자원봉사활동의 진흥과 관련하여 국가 및 지방자치
단체로부터 위탁받은 사업

② 한국자원봉사협의회는 법인으로 한다.

③ 한국자원봉사협의회는 정관을 작성하여 행정안전부장관의
인가를 받아 등기함으로써 설립된다. 〈개정 2014. 11. 19.,
2017. 7. 26.〉

④ 한국자원봉사협의회의 조직과 운영 등에 필요한 사항은 대
통령령으로 정한다.

[전문개정 2014. 1. 7.]

제18조(자원봉사단체에 대한 지원) 국가 및 지방자치단체는 자원
봉사단체의 활동에 필요한 행정적 지원을 할 수 있으며「비영
리민간단체지원법」에 따라 사업비를 지원할 수 있다.

[전문개정 2014. 1. 7.]

제19조(자원봉사센터의 설치 및 운영) ① 국가기관 및 지방자치단
체는 자원봉사센터를 설치할 수 있다. 이 경우 자원봉사센터를
법인으로 하여 운영하거나 비영리 법인에 위탁하여 운영하여
야 한다.

② 제1항 후단에도 불구하고 자원봉사활동을 효율적으로 추진
하기 위하여 필요하다고 인정할 경우에는 국가기관 및 지방
자치단체가 운영할 수 있다.

③ 국가는 자원봉사센터의 설치 · 운영이 활성화될 수 있도록
적극 노력하여야 하며, 지방자치단체는 자원봉사센터의 운

영에 필요한 경비를 지원할 수 있다.

④ 자원봉사센터 장의 자격요건과 자원봉사센터의 조직 및 운영 등에 필요한 사항은 대통령령으로 정한다.

[전문개정 2014. 1. 7.]

제20조(벌칙) 자원봉사단체 및 자원봉사센터가 제5조에 따른 정치활동 등의 금지 의무를 위반한 경우에는 「공직선거법」 제255조제1항제11호에 따른 벌칙을 적용한다.

[전문개정 2014. 1. 7.]

부칙⟨제14839호, 2017. 7. 26.⟩ (정부조직법)

제1조(시행일) ① 이 법은 공포한 날부터 시행한다. 다만, 부칙 제5조에 따라 개정되는 법률 중 이 법 시행 전에 공포되었으나 시행일이 도래하지 아니한 법률을 개정한 부분은 각각 해당 법률의 시행일부터 시행한다.

제2조부터 제4조까지 생략

제5조(다른 법률의 개정) ①부터 ⟨77⟩까지 생략

⟨78⟩ 자원봉사활동 기본법 일부를 다음과 같이 개정한다.

제9조제1항 및 제17조제3항 중 "행정자치부장관"을 각각 "행정안전부장관"으로 한다.

⟨79⟩부터 ⟨382⟩까지 생략

제6조 생략

부록 2. 자원봉사활동 기본법 시행령

[시행 2017. 7. 26.] [대통령령 제28211호, 2017. 7. 26., 타법개정]

제1조(목적) 이 영은 「자원봉사활동 기본법」에서 위임된 사항과 그 시행에 필요한 사항을 규정함을 목적으로 한다.

제2조(자원봉사진흥위원회의 구성) ① 「자원봉사활동 기본법」(이하 "법"이라 한다) 제8조제1항의 규정에 의한 자원봉사진흥위원회(이하 "위원회"라 한다)는 위원장 1인과 부위원장 2인을 포함하여 30인 이내의 위원으로 구성하되, 위원은 다음 각 호의 자로 한다. 〈개정 2008. 2. 29., 2010. 3. 15., 2013. 3. 23.〉

1. 당연직 위원: 기획재정부장관 · 교육부장관 · 법무부장관 · 보건복지부장관 · 여성가족부장관 및 국무조정실장

2. 민간위원: 자원봉사분야에 관한 학식과 경험이 풍부한 자 중에서 제13조의 규정에 의한 한국자원봉사협의회와 교육부장관 · 보건복지부장관 또는 여성가족부장관의 추천을 받아 국무총리가 위촉하는 자

② 위원회의 위원장은 국무총리가 되고, 부위원장은 행정안전부장관과 민간위원 중에서 호선한 자 1인이 된다. 〈개정

2008. 2. 29., 2013. 3. 23., 2014. 11. 19., 2017. 7. 26.〉

③ 제1항의 규정에 의한 위원 중 민간위원이 과반수가 되도록
하여야 한다.

④ 민간위원의 임기는 2년으로 한다.

⑤ 위원장은 위원회를 대표하며, 위원회의 업무를 통할한다.

⑥ 부위원장은 위원장을 보좌하며, 위원장이 부득이한 사유
로 직무를 수행할 수 없는 경우 그 직무를 대행하되 행정안
전부장관, 민간부위원장 순으로 한다. 〈개정 2008. 2. 29.,
2013. 3. 23., 2014. 11. 19., 2017. 7. 26.〉

제3조(위원회의 운영 등) ① 위원회의 회의는 위원장이 필요하다
고 인정하는 때 또는 재적위원 4분의 1이상의 회의소집 요청이
있는 때에 위원장이 이를 소집하며, 위원장이 회의를 소집하고
자 하는 때에는 회의의 일시·장소 및 부의안건을 회의개최 5
일전까지 각 위원에게 서면으로 통지하여야 한다. 다만, 긴급
을 요하는 경우에는 그러하지 아니하다.

② 위원회의 회의는 재적위원 과반수의 출석으로 개의하고, 출
석위원 과반수의 찬성으로 의결한다.

③ 부의된 안건과 관련하여 필요한 경우 위원장이 지정하는 중
앙행정기관의 장은 위원회에 출석하여 발언할 수 있다.

④ 위원회의 사무를 처리하기 위하여 위원회에 간사 1인을 두
며, 간사는 자원봉사활동 업무를 담당하는 행정안전부 소속
공무원으로 한다. 〈개정 2008. 2. 29., 2013. 3. 23., 2014.
11. 19., 2017. 7. 26.〉

⑤ 위원회는 자원봉사진흥 등에 관한 전문적인 사항을 조사·

연구하게 하기 위하여 위원회에 5인 이내의 전문위원을 둘 수 있다.

⑥ 제5항의 규정에 의한 전문위원은 자원봉사에 관한 학식과 경험이 풍부한 자 중에서 행정안전부장관이 위촉한다. 이 경우 예산의 범위 안에서 연구비 및 여비를 지급할 수 있다. 〈개정 2008. 2. 29., 2013. 3. 23., 2014. 11. 19., 2017. 7. 26.〉

⑦ 그 밖에 위원회의 구성·운영에 관하여 필요한 사항은 위원회의 의결을 거쳐 위원장이 정한다.

제4조(자원봉사진흥 실무위원회의 구성 등) ①법 제8조제3항의 규정에 의한 자원봉사진흥 실무위원회(이하 "실무위원회"라 한다)는 위원장 1인과 부위원장 2인을 포함하여 25인 이내의 실무위원으로 구성하되, 실무위원은 다음 각 호의 자로 한다. 〈개정 2008. 2. 29., 2010. 3. 15., 2013. 3. 23., 2014. 11. 19., 2017. 7. 26.〉

1. 당연직 실무위원:
기획재정부·교육부·법무부·보건복지부·여성가족부·경찰청 및 소방청의 자원봉사에 관한 업무를 담당하는 국장

2. 민간실무위원: 자원봉사분야에 관한 학식과 경험이 풍부한 자 중에서 제13조의 규정에 의한 한국자원봉사협의회와 교육부장관·보건복지부장관 또는 여성가족부장관의 추천을 받아 행정안전부장관이 위촉하는 자

②실무위원회의 위원장은 행정안전부차관이 되고, 부위원장은 자원봉사활동 업무를 담당하는 행정안전부 소속 공무원과 민간실무위원 중에서 호선한 자 1인이 된다. 〈개정 2008. 2.

29., 2013. 3. 23., 2014. 11. 19., 2017. 7. 26.〉

③ 제1항의 규정에 의한 실무위원 중 민간실무위원이 과반수
가 되도록 하여야 한다.

④ 민간실무위원의 임기는 2년으로 한다.

⑤ 부의된 안건과 관련하여 필요한 경우 실무위원회의 위원장
이 지정하는 중앙행정기관의 자원봉사 관련 국장은 실무위
원회에 출석하여 발언할 수 있다.

⑥ 실무위원회의 사무를 처리하기 위하여 실무위원회에 간사
1인을 두며, 간사는 자원봉사활동 업무를 담당하는 행정안
전부 소속 공무원으로 한다. 〈개정 2008. 2. 29., 2013. 3.
23., 2014. 11. 19., 2017. 7. 26.〉

⑦ 그 밖에 실무위원회의 구성·운영에 관하여 필요한 사항은
위원회의 의결을 거쳐 위원장이 정한다.

제5조(자원봉사활동의 진흥에 관한 국가기본계획의 수립) ①행정
안전부장관은 법 제9조의 규정에 의한 자원봉사활동의 진흥에
관한 기본계획(이하 "기본계획"이라 한다)을 기본계획 개시연
도의 전년도에 수립하여야 한다. 〈개정 2008. 2. 29., 2013. 3.
23., 2014. 11. 19., 2017. 7. 26.〉

② 행정안전부장관은 기본계획을 수립할 때에는 관계중앙행정
기관의 장과 협의하고 위원회의 심의를 거쳐야 한다. 〈개정
2008. 2. 29., 2013. 3. 23., 2014. 11. 19., 2017. 7. 26.〉

제6조(연도별 시행계획의 수립·시행) ①법 제10조의 규정에 의하
여 시장·군수·구청장(자치구의 구청장을 말한다. 이하 같다)
은 매년 12월말까지 특별시장·광역시장·도시자(이하 "시·

도지사"라 한다)에게 다음 연도의 소관 자원봉사활동진흥에 관한 시행계획을 제출하여야 한다.

② 관계 중앙행정기관의 장과 시·도지사는 매년 1월말까지 당해연도의 소관 자원봉사활동 진흥에 관한 시행계획을 행정안전부장관에게 제출하여야 하며, 행정안전부장관은 이를 종합하여 위원회의 심의를 거쳐 확정한 후 이를 3월말까지 중앙행정기관의 장 및 시·도지사에게 알려야 한다. 〈개정 2008. 2. 29., 2013. 3. 23., 2014. 11. 19., 2017. 7. 26.〉

③ 시장·군수·구청장은 매년 1월 15일까지 시·도지사에게, 중앙행정기관의 장 및 시·도지사는 매년 1월말까지 행정안전부장관에게 각각 전년도 시행계획의 이행결과를 제출하여야 한다. 〈개정 2008. 2. 29., 2013. 3. 23., 2014. 11. 19., 2017. 7. 26.〉

④ 국무총리는 행정안전부장관으로 하여금 제3항의 규정에 의한 이행결과를 점검·평가하고 그 결과를 위원회에 제출하게 할 수 있으며, 행정안전부장관은 이행상황을 점검·평가하기 위하여 필요한 경우 전문 연구기관에 자문을 구하거나 조사·연구를 의뢰할 수 있다. 〈개정 2008. 2. 29., 2013. 3. 23., 2014. 11. 19., 2017. 7. 26.〉

제7조(관계기관 등에 대한 협조요청) 국가 및 지방자치단체는 제5조 및 제6조의 규정에 의한 기본계획 및 연도별 시행계획의 수립·시행을 위하여 필요한 때에는 공공기관·자원봉사단체 그 밖의 민간단체에 대하여 필요한 자료 또는 의견의 제출 등의 협조를 요청할 수 있다.

제8조(포상) 법 제12조의 규정에 의한 포상 대상자의 선정절차와 훈격은「상훈법」의 규정에 따른다.

제9조(자원봉사자의 날 및 자원봉사주간 행사) 법 제13조의 규정에 의한 자원봉사자의 날 및 자원봉사주간을 기념하기 위하여 국가와 지방자치단체 및 자원봉사단체 등은 다음 각 호의 행사를 실시할 수 있다.

1. 기념행사
2. 연구발표 및 국제교류행사
3. 유공자 및 유공단체에 대한 격려
4. 대중매체 등을 통한 홍보
5. 그 밖에 자원봉사 활성화에 대한 범국민적인 관심을 높이기 위한 행사

제10조(자원봉사자에 대한 보험가입 등) ① 국가와 지방자치단체는 법 제14조제1항의 규정에 의하여 자원봉사단체 및 자원봉사센터로 하여금 위험이 수반되는 자원봉사활동에 대한 안전교육 등 사전에 필요한 조치를 취하도록 할 수 있다.

② 법 제14조제2항의 규정에 의한 자원봉사자에 대한 보호의 종류는 다음 각 호와 같다.

1. 자원봉사활동 중인 자원봉사자의 신체적 보호
2. 자원봉사활동 중에 발생한 자원봉사자의 경제적 손실보호
3. 자원봉사활동 중에 발생한 타인의 신체 또는 재물손괴에 대한 보호

③ 국가 및 지방자치단체는 자원봉사센터 또는「비영리민간단체 지원법」에 의하여 등록된 단체에 소속한 자원봉사자의

보호를 위하여 다음 각 호의 요건을 모두 갖춘 보험 또는 공제에 가입할 수 있다.

1. 자원봉사활동 중에 발생한 자원봉사자의 사망, 후유장애 및 의료 · 입원 · 수술비 등에 대한 보상을 할 수 있을 것

2. 자원봉사활동 중에 발생한 타인의 신체 또는 재물손괴에 대한 보상을 할 수 있을 것

④ 지방자치단체는 제3항의 규정에 의한 보험의 가입절차 및 방법 등에 관하여는 조례로 정한다.

제11조(교육훈련) 자원봉사단체 및 자원봉사센터는 법 제15조의 규정에 의하여 자원봉사자의 안전한 봉사활동을 위한 교육훈련을 관련 교육시설에 위탁할 수 있다.

제12조(국 · 공유재산의 사용) ① 법 제16조의 규정에 의하여 국가 또는 지방자치단체가 국 · 공유재산을 무상으로 대여하거나 사용하게 할 수 있는 자원봉사단체 및 자원봉사센터의 사업은 다음 각 호와 같다.

1. 국제행사에 관한 사업

2. 재난복구 및 구호에 관한 사업

3. 그 밖에 국가 및 지방자치단체가 자원봉사활동의 진흥을 위하여 필요하다고 인정하는 사업. 이 경우 국 · 공유재산을 사무실 용도로 대여 · 사용하거나 1년 이상의 기간을 대여 · 사용하게 할 수 없다.

② 국 · 공유재산의 무상대여나 사용의 절차 및 방법 등에 관하여는 「국유재산법」 또는 「공유재산 및 물품관리법」의 규정에 따른다.

제13조(한국자원봉사협의회의 회원 등) ①법 제17조의 규정에 의한 한국자원봉사협의회(이하 "협의회"라 한다)의 회원은 다음 각 호의 어느 하나에 해당하는 자로 한다.

1. 자원봉사를 주된 사업으로 하는 비영리법인 또는 단체의 대표자
2. 그 밖에 자원봉사활동의 진흥을 위하여 필요하다고 인정되어 협의회 이사회의 의결을 거친 자

② 협의회의 임원으로 대표이사 1인을 포함한 20인 이상 50인 이하의 이사와 감사 2인을 둔다.

③ 임원은 정관이 정하는 바에 따라 총회에서 선출한다.

④ 임원의 임기는 2년으로 하되 연임할 수 있다.

⑤ 임원의 자격요건과 선출방법 및 협의회의 운영에 관하여 필요한 사항은 협의회의 정관으로 정한다.

⑥ 협의회에 관하여 이 영에 규정된 것을 제외하고는 「민법」 중 사단법인에 관한 규정을 준용한다.

제14조(자원봉사센터 장의 자격요건 등) ①법 제19조의 규정에 의한 자원봉사센터 장의 자격요건은 다음과 같다.

1. 대학교의 자원봉사 관련 학과에서 조교수 이상의 직에 3년 이상 재직한 자
2. 자원봉사단체 · 자원봉사센터 또는 사회복지기관 · 시설 · 학교 · 기업에서 자원봉사 관리업무에 5년 이상 종사한 자
3. 5급 이상 퇴직공무원으로서 자원봉사업무 또는 사회복지업무에 3년 이상 종사한 자
4. 국가 및 지방자치단체에 등록된 자원봉사 관련 시민사회단

체에서 임원으로 10년 이상 활동한 자

② 자원봉사센터 장은 공개경쟁의 방법에 의하여 선임한다.

③ 지방자치단체는 자원봉사센터 장의 선임방법 및 절차 등에 관하여는 조례로 정한다.

제15조(자원봉사센터의 조직 및 운영 등) ①자원봉사센터의 사무를 처리하게 하기 위하여 자원봉사센터에 사무국을 둔다.

② 자원봉사센터의 원활한 운영을 위한 정책결정기구로서 운영위원회를 둔다. 다만, 자원봉사센터를 법인으로 하여 운영하는 경우에는 이사회를 둔다.

③ 제2항의 규정에 의한 운영위원회는 20인 이하로 하되 자원봉사단체 대표를 과반수 이상으로 구성하고 대표는 민간인으로 한다.

④ 특별시·광역시·도 자원봉사센터는 지역 내 자원봉사 활성화를 위하여 다음 각 호의 사업을 수행한다.

1. 특별시·광역시·도 지역의 기관·단체들과의 상시협력체계 구축

2. 자원봉사 관리자 및 지도자의 교육훈련

3. 자원봉사 프로그램의 개발 및 보급

4. 자원봉사 조사 및 연구

5. 자원봉사 정보자료실 운영

6. 시·군·자치구 자원봉사센터간의 정보 및 사업의 협력·조정·지원

7. 그 밖에 특별시·광역시·도 지역의 자원봉사 진흥에 기여할 수 있는 사업

⑤ 시·군·자치구 자원봉사센터는 지역 내 자원봉사 활성화를 위하여 다음 각호의 사업을 수행한다.

1. 시·군·자치구 지역의 기관·단체들과의 상시협력체계 구축

2. 자원봉사자의 모집 및 교육·홍보

3. 자원봉사 수요기관 및 단체에 자원봉사자 배치

4. 자원봉사 프로그램의 개발·보급 및 시범운영

5. 자원봉사 관련 정보의 수집 및 제공

6. 그 밖에 시·군·자치구 지역의 자원봉사 진흥에 기여할 수 있는 사업

⑥ 지방자치단체는 자원봉사센터의 조직 및 운영 등에 관한 사항은 조례로 정한다.

제16조(고유식별정보의 처리) ① 행정안전부장관은 법 제11조에 따른 자원봉사활동 공헌 인정에 필요한 자원봉사활동실적 정보를 수집(자원봉사활동 관련 사무를 수행하는 다른 중앙행정기관의 정보시스템으로부터 제공받는 경우를 포함한다)·저장·보유·가공·제공(자원봉사활동 관련 사무를 수행하는 다른 중앙행정기관의 정보시스템으로 제공하는 경우를 포함한다)하는 사무를 수행하기 위하여 불가피한 경우 「개인정보 보호법 시행령」 제19조제1호 또는 제4호에 따른 주민등록번호 또는 외국인등록번호(이하 이 조에서 "주민등록번호등"이라 한다)가 포함된 자료를 처리할 수 있다. 〈개정 2014. 11. 19., 2017. 7. 26.〉

② 행정안전부장관 또는 지방자치단체의 장은 법 제14조제2항에 따른 자원봉사자에 대한 보험 가입에 관한 사무를 수행

하기 위하여 불가피한 경우 주민등록번호등이 포함된 자료를 처리할 수 있다. 〈개정 2014. 11. 19., 2017. 7. 26.〉

[본조신설 2014. 7. 7.]

부칙〈제28211호, 2017. 7. 26.〉(행정안전부와 그 소속기관 직제)

제1조(시행일) 이 영은 공포한 날부터 시행한다. 다만, 부칙 제8조에 따라 개정되는 대통령령 중 이 영 시행 전에 공포되었으나 시행일이 도래하지 아니한 대통령령을 개정한 부분은 각각 해당 대통령령의 시행일부터 시행한다.

제2조부터 제7조까지 생략

제8조(다른 법령의 개정) ①부터 〈150〉까지 생략

〈151〉 자원봉사활동 기본법 시행령 일부를 다음과 같이 개정한다.

제2조제2항·제6항, 제3조제6항 전단, 제4조제1항제2호, 제5조제1항·제2항, 제6조제2항부터 제4항까지 및 제16조제1항·제2항 중 "행정자치부장관"을 각각 "행정안전부장관"으로 한다.

제3조제4항 및 제4조제2항·제6항 중 "행정자치부"를 각각 "행정안전부"로 한다.

제4조제1항제1호 중 "소방방재청"을 "소방청"으로 하고, 같은 항 제2호 중 "교육과학기술부장관"을 "교육부장관"으로 한다.

제4조제2항 중 "행정자치부차관"을 "행정안전부차관"으로 한다.

〈152〉부터 〈388〉까지 생략

찾아보기

〈인명〉

저자 소개

진재문(Jin Jaemoon)
서울대학교 사회복지학과 석사 · 박사
현) 경성대학교 사회복지학과 교수

장유미(Jang Yumi)
경성대학교 사회복지학과 박사
현) 창신대학교 사회복지학과 교수

강정희(Kang Junghee)
경성대학교 사회복지학과 박사
현) 동아대학교 사회복지학과 교수

이강훈(Lee Kanghoon)
경성대학교 사회복지학과 박사과정 수료
현) 경성대학교 사회복지학과 외래교수

신세민(Shin Semin)
경성대학교 사회복지학과 박사과정 수료
현) 부산시 중구청 대청동주민센터 복지사무장

조명희(Jo Myeonghee)
경성대학교 사회복지학과 박사과정 수료
현) 경상대학교 사회복지계열 겸임교수

강종희(Kang Jonghee)
경성대학교 사회복지학과 박사과정 수료
현) 경성대학교 사회복지학과 외래교수

정민경(Jung Minkyung)
경성대학교 사회복지학과 박사과정 수료
현) 경성대학교 사회복지학과 조교수

박성애(Park Sungae)
경성대학교 사회복지학과 박사과정 수료
현) 경남연구원 전문연구원

자원봉사와 시민의 삶
Volunteer work and Civil life

2017년 10월 30일 1판 1쇄 발행
2023년 9월 20일 1판 3쇄 발행

지은이 • 전재문 · 장유미 · 강정희 · 이강훈 · 신세민
　　　　 조명희 · 강종희 · 정민경 · 박성애
펴낸이 • 김 진 환
펴낸곳 • (주) **학지사**
　　　　 04031 서울특별시 마포구 양화로 15길 20 마인드월드빌딩 5층
대표전화 • 02) 330-5114 　 팩스 • 02) 324-2345
등록번호 • 제313-2006-000265호

홈페이지 • http://www.hakjisa.co.kr
인스타그램 • https://www.instagram.com/hakjisabook

ISBN 978-89-997-0579-3 93330

정가 **14,000**원

저자와의 협약으로 인지는 생략합니다.
파본은 구입처에서 교환하여 드립니다.

이 책을 무단으로 전재하거나 복제할 경우 저작권법에 따라 처벌을 받게 됩니다.

출판미디어기업 **학지사**
간호보건의학출판 **학지사메디컬** www.hakjisamd.co.kr
심리검사연구소 **인싸이트** www.inpsyt.co.kr
학술논문서비스 **뉴논문** www.newnonmun.com
원격교육연수원 **카운피아** www.counpia.com